LA DISTANCIA Y
VASCOS Y VASCAS EN LA Hi

Segunda edición aumentada y corregida

LA DISTANCIA Y EL OLVIDO
VASCOS Y VASCAS EN LA HISTORIA DE BOLIVIA

Aitor Iraegi Balenciaga
Nilda Cuentas Yáñez

Segunda edición aumentada y corregida

TENGOUNAVACABOOKS

Primera edición: marzo, 2014
Segunda edición: junio 2020

Esta edición
© 2020 Aitor Iraegi Balenziaga
© Nilda Cuentas Yáñez
ISBN: 9798640676600

TENGOUNAVACABOOKS

Primera edición
© Aitor Iraegi Balenziaga 2014
© Plural editores 2014

Portada: composición sobre un fragmento de "Escena quesos de Gorbea" del pintor vasco José Arrue y un fragmento de "El Cerro Rico" del pintor boliviano Nicolás Zeballos.

En el texto se ha utilizado la fuente Baskerville Old Face

A las bolivianas y bolivianos y a sus descendientes que, por diferentes circunstancias, vivieron o viven en el País Vasco, contribuyendo con su esfuerzo a que sea un lugar mejor.

A los vascos y vascas y a sus descendientes que, por diferentes circunstancias, vivieron o viven en Bolivia, contribuyendo con su esfuerzo a que sea un lugar mejor.

Agradecimientos

A Kimetz Zuazo, por su ayuda en la búsqueda de una traducción del poema Bolibi´ko zabaldian que estuviera a la altura del extraordinario talento poético de Nikolas Ormaetxea, Orixe.

A Hegoa Iraegi, por el título.

Mira cristiano todo a mí se me ha hecho, hasta
quererme quitar mujer un fraile llamado Morúa

Felipe Huaman Poma

INDICE

Prólogo a la segunda edición

Seis años después de que se publicara *La distancia y el olvido. Vascos en la historia de Bolivia* y estando la primera edición ya agotada hace un buen tiempo, hemos creído pertinente realizar una segunda edición. Esta nueva versión incluye, por supuesto, la corrección de la anterior y también la incorporación de algunos vascos y vascas que no estuvieron en la primera edición por diversos motivos. Aun así, todavía hay algunas historias que se nos siguen escapando, sobre todo por la dificultad para encontrarles, más allá del apellido que en muchos casos pudo ser impuesto durante la colonia, algún tipo de relación familiar o personal con el País Vasco. Mencionamos a varios de ellos y ellas en el breve capítulo final.

Hemos hecho algunos otros cambios menores. En primer lugar hemos reorganizado el texto. En la edición anterior la lógica era la de ordenar las entradas de forma cronológica y siguiendo las fechas de nacimiento, mientras que ahora hemos intentado, sin modificarlo en exceso, darle al texto cierta continuidad histórica para que, leído de principio a fin, sea también de alguna manera un viaje por la historia boliviana desde la llegada de los primero vascos y vascas durante la etapa colonial. También hemos incluido -al final del texto- un índice onomástico y otro geográfico que facilite al lector la búsqueda de aquellos personajes o lugares en los que pueda estar particularmente interesado.

Por otro lado, el modo en que en la primera edición estaban tratados los topónimos, en particular los vascos, nunca nos satisfizo del todo. Por supuesto, la manera en la que se escriben los nombres y los lugares en las distintas épocas es también, de algún modo, un testimonio histórico que no siempre es oportuno modificar, pero también es cierto que en muchos casos los nombres de las poblaciones han sufrido una gran variación y también que esta es una cuestión que para muchas personas, sobre todo en Euskal Herria, resulta delicada desde el punto de vista histórico, cultural y político. Así, respecto a los topónimos vascos, hemos intentado mantener los originales cuando ha tenido algún sentido histórico hacerlo, pero, al mismo tiempo, hemos intentado dejar establecidos los nombres actualmente oficiales. En relación a los antropónimos, los hemos mantenido tal y como aparecen en las fuentes históricas consultadas, así que, por lo general, están castellanizados, sobre todo los más antiguos.

Por último, hemos realizado un esfuerzo por volver más inclusivo el texto original.

Nilda Cuentas Y.
Mayo de 2020
Año de la pandemia

Prólogo a la primera edición

Frente a las grandes colonias de emigrantes vascos o descendientes de emigrantes vascos que existen y prosperan en otros países sudamericanos, por ejemplo en Argentina, Chile o Uruguay, en Bolivia su presencia, tan importante durante la colonia y los primeros años de la independencia, fue eclipsando lentamente y la falta de una emigración sostenida durante el siglo XX la redujo a un recuerdo vago de un pasado remoto y convulso.

Poetas, revolucionarios, dictadores, mineros, hacendados, intelectuales, poetisas, monjas y obispos, las crónicas de las y los vascos que llegaron a Bolivia y las de sus descendientes son de verdad extraordinarias y merecen ser recordadas. Sin embargo, salvo algunas excepciones, su recuerdo y el de sus vidas se ha perdido víctima de la distancia y del tiempo y ya casi nadie se acuerda, por ejemplo, del alavés Domingo Verástegui, que fue durante su época el hombre más importante de la ciudad más importante del mundo; o del navarro Vicente Bernedo, resucitador de muertos por el altiplano boliviano; o de Cipriano Barace que, según se cuenta, llegó a bautizar cuarenta mil indígenas en la selva amazónica.

Aunque recordar a todas estas figuras es una reparación necesaria, este libro no pretende sin embargo ser un compendio de biografías, por lo que el tratamiento de cada una de las historias que aquí se recogen es diverso: mientras que en algunos casos se salta vertiginosamente de una generación a otra, casi sin detenerse, en otras ocasiones nos suspendemos sobre un corto momento de la vida, un instante, en ocasiones crucial en otras intrascendente, pero que define para siempre una existencia. La elección de los personajes de los que se habla en este libro es, por supuesto, aleatoria, por lo que sin duda muchos vascos y vascas con historias relevantes no han sido siquiera mencionados y eso es, en sí mismo, también una injusticia.

La decisión de a quién incorporar y a quién dejar fuera proviene de muchos motivos, entre otras la tiranía que implica depender de información histórica sobre personas en muchos casos poco estudiadas, la necesidad de rastrear los diversos orígenes vascos y, aceptémoslo, también el cambiante y arbitrario humor de los autores. En la revisión de un catálogo tan dispar de vidas, hemos tratado de no juzgar en exceso y de tampoco enaltecer de modo innecesario. En general nos hemos conformado con acercarnos de manera fugaz a la vida de estos vascos y vascas y de sus descendientes, tratando de avizorar las circunstancias, duras y complicadas, que les tocó vivir.

Es tal vez oportuno realizar algunas pequeñas advertencias sobre el texto que viene a continuación. La primera es que, sobre todo en la primera parte del libro, se utiliza con cierta frecuencia algunos términos que en general han entrado en desuso o que son considerados políticamente incorrectos.

El primero de estos términos es el de indios para referirnos a las y los indígenas. Hace muchísimo tiempo que es evidente que a los pueblos indígenas americanos, además con justa razón, no les gusta en lo más mínimo que se les llame "indios", expresión que con el paso del tiempo ha ido además adquiriendo un cariz racista y peyorativo. Merece la pena aclarar que si en algunas ocasiones lo usamos es porque era un término usual en la época colonial y también porque hay instituciones, por ejemplo la "encomienda de indios" que, sencillamente, se llamaba así, por lo que a estas alturas es difícil que podemos referirnos a ella de otro modo. En todo caso, queremos dejar establecido que no existe la más mínima intención despectiva ni racista y que, por el contrario, en el texto hemos querido mostrar, siempre que hemos podido, nuestro respeto y simpatía por estos pueblos siempre tan vapuleados.

Algo similar sucede con la palabra vascongados, expresión que ya no se utiliza y que tiene connotaciones, también con justa razón, ingratas para gran parte del pueblo vasco, pero que sigue siendo común en las crónicas de la etapa colonial, así que hemos querido respetar el modo con la que, aun hoy en día, mucha gente en Bolivia recuerdan las andanzas de los *vascongados* por su país.

La segunda advertencia se refiere a que en la forma de escribir los nombres y los apellidos se ha respetado la manera -en español o en euskera- con el que en general se los recuerda en los documentos de la época, por lo que en ocasiones la grafía de las palabras puede diferir de la actual o, en caso de los lugares, de la forma con la que de modo oficial se los conoce ahora. Por último, es también bueno recordar que este no es un texto académico y que en consecuencia nos hemos resistido a llenarlo con largas citas y extensas referencias. Por ello, si bien los personajes que aparecen en el libro están contrastados, en la mayor parte de los casos hemos evitado las referencias bibliográficas y nos hemos limitado a consignar la literatura utilizada en una única sección al final del texto.

Aitor Iraegi
Sopocachi, diciembre 2014

Primera parte. Del siglo XVI al siglo XVII

...y no se hacía más que lo que los Verasátegui, Oyanume, Ormache querían

Anónimo potosino del s. XVI

Una pequeña introducción: la guerra entre vascos y vicuñas en la Villa Imperial de Potosí

No deja de ser curioso comprobar cómo uno de los capítulos más interesantes y menos conocidos de la historia del pueblo vasco se escribió en Potosí, una ciudad en mitad de los Andes sudamericanos, a cuatro mil metros sobre el nivel del mar y a diez mil kilómetros del País Vasco.

Esa historia comenzó hacia 1545, cuando se descubrió que había muchísima plata en una montaña de la provincia de Charcas, a unos 160 kilómetros de La Plata[1], en medio de un territorio deshabitado y semidesértico. La leyenda dice que el descubrimiento se produjo por casualidad cuando el indígena Diego Huallpa, que se encontraba en un descampado pasando la noche, encendió una hoguera para protegerse del frío y comprobó asombrado cómo de la tierra comenzaban a salir hilos de plata: era una veta que estaba en la misma superficie de la montaña y que se derretía por el calor del fuego. Pero esa es la leyenda, porque la historia dice que Huallpa era, en realidad, un indígena que trabajaba como fundidor en las minas que los colonos tenían en Porco, a seis leguas de distancia y que en una ocasión que estaba de viaje vio una veta de plata a flor de tierra en una montaña, se guardó su hallazgo en secreto y explotó la veta en solitario durante meses hasta que, al final, le descubrieron y le despojaron de su tesoro.

En cualquier caso, lo cierto es que en abril de 1545 los primeros colonos llegaron a la montaña y a su pie fundaron un pequeño campamento que bautizaron como Potosí, porque al

---

[1] La Plata, fundada hacia 1538 era la capital de la provincia de Charcas. A lo largo del texto nos referiremos a esta ciudad con los distintos nombres que tuvo según el momento cronológico: Charcas (hasta 1539), La Plata (1539-1776), Chuquisaca (1776- 1825) y Sucre (desde 1825 hasta la actualidad). Conocida popularmente como "la ciudad de los cuatro nombres", Sucre es tanto la capital de Bolivia como del departamento de Chuquisaca.

parecer era así como los pueblos indígenas conocían aquel lugar.[2] También le pusieron nombre a la montaña y la llamaron el "Cerro Rico" y así se sigue conociendo casi quinientos años después, pese a que, antes de llegar los europeos, la montaña ya tenía su propio nombre, un nombre más bonito, más sonoro y más poético: *Sumaj Orko,* el Cerro Hermoso.

La noticia de aquella montaña donde las vetas de plata eran tan abundantes que podían verse a simple vista corrió como la pólvora por todo el virreinato del Perú y la multitud comenzó a dirigirse en masa hacia la nueva ciudad. Pronto se constató que la riqueza de los yacimientos de plata se encontraban fuera de cualquier comparación y que en el mundo conocido no había nada ni tan siquiera remotamente parecido. Toda esa riqueza convirtió a aquel lugar perdido en mitad de los Andes en, de manera literal, el centro del mundo. Aunque las cifras de población que manejan los estudios varían, para 1570, tan solo veinticinco años después de su fundación, su población era de 50.000 habitantes y para 1602 el censo ya hablaba de 120.000 almas, lo que la convertía, por mucho, en la ciudad del mundo más poblada de su época.

De allí salió la riqueza que sufragó la conclusión de la conquista de las Indias Occidentales y que financió las muchas guerras imperiales españolas a lo largo de toda Europa. También sirvió para que mucha gente lograse amasar fortunas desaforadas y así, durante muchos años, todo en la ciudad fue prosperidad y derroche. En realidad no todo, porque de toda aquella riqueza los pueblos indígenas de la región solo lograron obtener nuevas y mayores penurias. En cualquier caso, Potosí se llenó de minas y de ingenios para procesar la plata, pero también de iglesias, conventos, palacios, tiendas, almacenes, confiterías, burdeles, escuelas de bailes, plazas de toros y casas de juego. Todo se traía de afuera y todo era muy caro, porque, pese a su asombrosa opulencia, en Potosí, casi a cuatro kilómetros de altura sobre el

---

[2] En realidad el origen del topónimo Potosí es motivo de cierto debate y no existe un consenso definitivo sobre si posee algún significado o si es o no la denominación prehispánica de esa zona de la actual Bolivia.

nivel del mar, no crecía ni la hierba. Hacia 1585, Luis Capoche en su *"Relación General"* lo contaba así: "El cerro y Villa Imperial de Potosí está situado en tierra fría, de muchas nieves, estéril y de ningún fruto, y casi inhabitable por su desabrido y mal temple. Antes del descubrimiento del cerro no tuvo población por su mal temperamento. Su calidad es seco y frío y ventoso sobremanera".

Para finales del siglo XVI unas ochenta familias vascas residían en la ciudad y esa presencia creció mucho a partir de inicios del siglo XVII, aunque parece que siempre fueron un segmento pequeño en relación al conjunto de población potosina y lo que les distinguía no era su número, sino su solidaridad interna y su cercanía constante con el poder político y económico.

Escribe Crespo en *La guerra entre vicuñas y vascongados* que frente a los castellanos y extremeños, hombres de armas y poco dados al trabajo, "los vascongados se dedicaron a explotar el Cerro con orden y sistema". Así, el carácter industrioso junto a un gran sentido corporativo permitió que la comunidad vasca creciese y prosperase muy rápido y que comenzaran a adueñarse de una gran cantidad de propiedades. De hecho, para la segunda década del XVII el ochenta por ciento de las minas y de los ingenios mineros pertenecían a la población vasca. En una sociedad colonial en la que se vendían todos los cargos públicos, cuando más rico era un grupo determinado más posibilidades tenía de acumular poder político y para finales del siglo XVI y principios del XVII la mayor parte de las autoridades políticas, religiosas y judiciales potosinas habían nacido en territorio vasco, descendían de vascos o respondían a sus intereses. Ciertamente este monopolio económico y político tenía sus consecuencias: los miembros de la comunidad vasca se acostumbraron a los privilegios y a imponer su voluntad por la razón o por la fuerza y fueron muy frecuentes los abusos y las arbitrariedades en contra el resto de la población.

No es difícil suponer que esa situación disgustase al resto de residentes de Potosí y pronto se crearon dos bandos bien definidos: por un lado los *vascongados* y por otro los vicuñas, que eran llamados así porque acostumbraban a usar un sombrero de la lana de ese animal[3] pero que en realidad no eran un bando cohesionado, sino la reunión accidental de todos aquellos que no eran de origen vasco: andaluces, extremeños, castellanos, incluso portugueses.[4] En 1582, con el vasco García de Loyola como Juez Mayor, se produce el primer conflicto documentado entre vascos y vicuñas. Desde ese momento, la situación fue poco a poco empeorando y durante los siguientes cuarenta años se desarrolló una lucha cada vez más brutal, un rosario de heridos, asesinados, ajusticiados y exiliados que mostraba el violento esfuerzo de los dos bandos por controlar la riqueza del Cerro Rico.

La cuestión se complicó mucho más a partir de 1622. En junio de ese año apareció en las calles de Potosí el cadáver de Juan de Urbieta atravesado a estocadas y con las manos cortadas. La reacción de la población vascongada fue muy virulenta y salieron en masa a las calles dispuestos a matar "a todos los que no hablaran vascuence".[5] Para calmar los ánimos, la autoridad encarceló a varios extremeños como sospechosos del asesinato de Urbieta, pero esa medida no solo no calmó al bando vasco, sino que enfureció a los vicuñas, que se sintieron tratados con injusticia. La guerra se desató imparable. El cronista potosino

---

[3] La vicuña (del quechua *wik'uña*) es un camélido andino de tamaño pequeño, de entre 40 y 50 kg de peso y de lana muy fina.

[4] En realidad, los "bandos" de colonos aparecieron desde la propia fundación de la ciudad y el cronista Arzans ya habla, desde 1564, de la existencia de "innumerables bandos entre los castellanos y andaluces, de una parte; y de la otra portugueses y extremeños". Sin embargo, en la medida que los vascos empiezan a prosperar de manera tan sobresaliente, los otros bandos comienzan a unirse entre sí y a ver en los vascos un enemigo común. Cuando hablamos de bandos lo hacemos únicamente en masculino porque los vascos, los vicuñas, los extremeños, etc. eran bandos de hombres armados (mineros, soldados o ex soldados) y la participación de las mujeres, si existió, fue residual.

[5] La expresión "vascuence" ha entrado también en desuso y en la actualidad el término más utilizado para nombrar al idioma de los vascos es el "euskera".

Bartolomé de Arzans,[6] aunque se supone que exagerando las cifras, establece que en tres años, entre 1622 y 1625 "murieron en la Villa 3.332 españoles y peruanos de varias naciones y 2.435 mestizos, indios, mulatos y negros, fuera de 685 muertos en los pueblos y caminos cercanos a la Villa". Si Arzans está en lo cierto, estamos hablando de casi 6.500 asesinatos contabilizados durante solo tres años, más de dos mil por año, casi seis por día, y a esa cifra habría que añadir los miles de personas, hombres, mujeres y niños, heridos y exiliados.

Pronto se hizo evidente que el bando vasco no podía ganar la guerra. Eran menos en número y se enfrentaban contra individuos que, en su gran mayoría, provenían de la milicia y tenían mayor experiencia en el uso de las armas. Sometidos, la población de origen vasco dejaron de salir a la calle, comenzaron a refugiarse en los templos y, cuando podían, abandonaban aterrorizados la ciudad. Tenían buenas razones para hacerlo, porque los vicuñas estaban decididos a no dejar un solo contrincante con vida en la Villa de Potosí: "La persecución de los vascongados ha vuelto a ser tan sangrienta que sin poderlo remediar los corren y acuchillan adonde quiera que los topan y todos están retraídos en las Casas Reales o en iglesias", escribió el oidor al virrey. De hecho, para 1624 apenas quedaban 60 vascos tratando desesperados de irse de Potosí.

La violencia de los disturbios llegó a tal extremo que la Corona se vio obligada a intervenir. Durante los primeros años habían observado el conflicto con preocupación pero con relativo distanciamiento, en primer lugar porque el dinero de los impuestos seguía fluyendo y en segundo lugar porque la guerra potosina no era una rebelión contra el orden instituido, sino un conflicto de intereses entre mineros. Pero en la medida que el

---

[6] Bartolomé de Arzans de Orsúa y Vela, Cronista Mayor de la Ciudad de Potosí. En realidad no hay acuerdo definitivo sobre si existió de verdad un personaje con ese nombre o incluso si su obra pertenece a una sola persona o a varias. En todo caso, a Arzans se le atribuye la autoría de la extraordinaria *Historia de la Villa Imperial de Potosí*, la mejor crónica conocida de la Potosí de los años de gloria cuando era la primera ciudad del mundo.

conflicto crecía y se extendía, la administración virreinal ya no pudo mantenerse al margen del problema y comenzó a entender que tarde o temprano tendría que inmiscuirse en la disputa. La ocasión propicia para la intervención llegó como resultado de un grave error táctico de los vicuñas, que, tras casi haber ganado la guerra, se creyeron con el suficiente poder para imponer su ley y para doblegar a la ciudad bajo sus pies. Envanecidos, tomaron una decisión arriesgada: decidieron asaltar la casa del corregidor Felipe Manrique, al que acusaban de defender los intereses vascos. El asalto terminó de decidir a las autoridades del Virreinato, porque una cosa era que los diferentes grupos de mineros se masacraran entre sí y otra, muy diferente, que se atrevieran a atacar a las autoridades coloniales, por lo que se decidió terminar con la cuestión de una vez por todas: se envió soldados y se dispusieron recursos económicos para apresar a los asaltantes. El conflicto potosino duró algún tiempo más, pero la intervención real significó a la postre la derrota de los vicuñas, lo que no implica que el bando vasco ganara, porque esa, como casi todas, fue una guerra en la que todas las partes perdieron.

El 15 de marzo de 1626, que era domingo, el tajamar de la mina de Caricari se rompió y millones de litros de agua se precipitaron furiosamente sobre la ciudad, matando a más de 350 personas y destruyendo más de 32 ingenios que eran, sin distinción, propiedades de vascos y de vicuñas.

La población de Potosí no tuvo dudas de que el turbión era un castigo enviado por Dios como castigo a tantos años de violencia, muerte y sinsentido. La guerra entre vascos y vicuñas había terminado oficialmente.

La guerra privada del soldado Aguirre

Lo cuenta el cronista potosino Bartolomé de Arzans: a finales del año de 1548 un grupo de doscientos soldados españoles salió de Potosí hacia el sur con destino a Salta para pacificar el Reino de Tucma[7]. Como el camino que había por

---

[7] El reino de Tucma, llamado así por el nombre de un cacique de la región, comprendía buena parte del actual norte argentino.

delante era largo y había pocas bestias disponibles, los soldados obligaban a sus indios a cargar sus armas y sus pertenencias. El Alcalde Mayor de la Villa, de nombre Francisco de Esquivel y nacido en Extremadura, salió hasta la falda del Cerro Rico para ver al ejército partir.

Aunque la Real Audiencia de Lima había prohibido el uso de indígenas como bestias de carga de los soldados, Esquivel los dejó marchar a todos a excepción del último que, cuenta Arzans, "se decía fulano Aguirre". La decisión de dejar pasar a los demás soldados y arrestar a Aguirre fue arbitraria, más aún si tenemos en cuenta que este "apenas" llevaba dos indios cargando sus enseres, muchos menos que la mayoría de los demás soldados. Condenado a 200 azotes, fue, nos dice Bartolomé de Arzanz "topadero del juez, no de la justicia".

Al vasco no le preocupaba tanto el dolor de los azotes como la quiebra irreparable de su honor. En el juicio les recordó a las autoridades que él era un hidalgo y que no podía recibir un correctivo de esa clase y que prefería, si por ultimo debía ser castigado, que se lo ahorcase de una vez y se lo librase de tamaña vergüenza. El alcalde Esquivel no escuchó los pedidos y mandó al verdugo de la villa, acompañado de los ministros y de una bestia, a que llevase a cabo el castigo acordado.

Muchos hombres principales y honrados de la villa, como el contador Pedro de Zumárraga, Agustín Matienzo o Pedro de Santa Cruz fueron a pedirle al juez que la sentencia no se llevara a cabo, dado que era una pena en extremo rigurosa para el, a su juicio, escaso delito que se había cometido. El Juez no aceptó eliminar la sentencia pero si accedió a atrasarla por ocho días. Los defensores de Aguirre fueron a darle la buena nueva al soldado y se lo encontraron en el patio de la cárcel, desnudo, montado en la yegua y ya dispuesto para los azotes Cuando alborozados le contaron que la sentencia se había pospuesto, este les respondió: "Yo andaba por no subirme a esta bestia y no verme desnudo como estoy, pero ya que hemos llegado a esto, ejecútese la sentencia que yo lo consiento y ahorrémonos la pesadumbre y el cuidado" y, dicho esto, el mismo azuzó a la bestia camino a la plaza, donde fue azotado públicamente doscientas veces.

Aguirre superó los azotes, pero no la afrenta y sintió que su dignidad había sido mancillada de manera irreparable, por lo que juró ante Dios que mataría al alcalde Esquivel en cuanto tuviese oportunidad. Enterado este de la amenaza y del carácter arrebatado del tal Aguirre, trató de poner tierra de por medio y emprendió viaje con la intención de alejarse lo más posible de Potosí. Así, escapó 400 leguas hasta llegar a la Ciudad de Los Reyes,[8] pero no llevaba ni un mes allí cuando Aguirre, que viajaba a pie y descalzo porque afirmaba que un azotado no merecería tener montura ni dignidad, se apareció por las calles de la ciudad preguntando por él. Asustado, Esquivel emprendió de nuevo viaje y tras semanas de marcha llegó esta vez a Quito,[9] a 500 leguas de distancia. De nada sirvió, porque su perseguidor, veinte días después, de nuevo le dio alcance.

Así anduvieron durante tres años y cuatro meses: Francisco de Esquivel huyendo a caballo y el soldado persiguiéndolo a pie. Esquivel, agotado, ya no quiso seguir aquella existencia de permanente fuga y decidió asentarse en Cuzco, donde creyó que estaba a salvo porque el corregidor era una persona muy estricta que no permitiría que lo asesinaran a sangre fría. Sin embargo, también hasta allí llegó su perseguidor, lo acechó durante días y al final lo mató, tal como había prometido, de una puñalada en la sien.

Tras el crimen se desató la persecución: las autoridades de Cuzco cerraron la ciudad para encontrarlo y ajusticiarlo y durante cuarenta días y cuarenta noches lo buscaron por todos lados y si no lo encontraron fue porque unos caballeros vizcaínos lo escondieron en una casa cuzqueña llena de patios y de fuentes. Cuando la justicia se calmó y los controles se ablandaron, los compatriotas del soldado Aguirre le afeitaron la barba y el pelo de la cabeza y lo pintaron de negro con el jugo de una fruta que se llamaba *uitoc* y le hicieron pasar por esclavo africano,

---

[8] Actual Lima
[9] San Francisco de Quito.

llevándolo a pie hasta San Juan de la Frontera de Huamanga[10], donde fue recibido por un pariente que era un hombre muy principal de aquella villa.

El soldado Aguirre tenía por nombre Lope y había nacido en Araotz[11] hacia 1511. Su historia posterior es bien conocida: en 1560 se enroló en la fracasada expedición que buscaba El Dorado en las riberas del río Marañón y en 1561 firmó una declaración de guerra al Imperio español en la que se autoproclamaba príncipe de Perú, Tierra Firme y Chile. Para demostrar la seriedad de sus intenciones, le envió una carta a Felipe II explicándole al detalle sus planes de libertad y autogobierno.

La maravillosa veta de Lope de Mendieta

Es costumbre bautizar las vetas de las minas con el nombre de sus descubridores o de sus dueños. Una de las primeras vetas que se encontraron en el Cerro Rico de Potosí -y una de las más importantes- fue la "veta Mendieta". Esta veta fue bautizada hacia 1600 por Lope de Mendieta, natural de Orduña, que también fue encomendero de indios[12] en Arica y Chuquicota,[13] pero que fue sobre todo gracias a su famosa veta que se hizo poderoso, respetado y envidiado en toda la Villa Imperial.

La veta Mendieta se sigue explotando cinco siglos después de ser descubierta y bautizada. Durante 500 años ha producido riqueza y también muerte. Hacia mediados de los 1700 la veta se

---

[10] Conocida en nuestros días como Ayacucho.

[11] Araotz, es un barrio de la población de Oñati, en Gipuzkoa.

[12] Aunque la encomienda es una institución previa al descubrimiento de las Indias Occidentales, fue allí donde adquirió su mayor importancia. De manera muy simplificada se podría decir que se trataba en un "premio" que daba la corona a sus súbditos mediante el cual se les entregaba tierras e indios. Como contraparte, a las y los indígenas se les debía, en teoría, proteger y evangelizar, pero en general terminaban trabajando para el encomendero como esclavos en condiciones de extrema precariedad.

[13] Arica está actualmente, por supuesto, en el norte de Chile. Chuquicota parece ser la denominación de la actual Choquecota (Oruro).

derrumbó y, según cuenta Omiste, "trescientos indios y dos dependientes fueron enterrados vivos". El último accidente mortal fue en abril de 2012: Ernesto Andaluz Limachi, de la comunidad de Caspampa, ingresó a la Mendieta para sacar mineral, a mil metros de profundidad, cuando un callapo que soportaba un buzón[14] se cayó y la carga de mineral le aplastó el pecho hasta que ya no pudo seguir respirando.

Martín García de Loyola y los 200 castellanos

El primer conflicto que se tiene registrado en el largo rosario de escaramuzas entre bandos vascos y vicuñas en Potosí fue provocado por Martín García de Loyola. Nacido en Azpeitia (Gipuzkoa) en 1549, García de Loyola era sobrino nieto de San Ignacio de Loyola, aunque no fue eso -que también- lo que lo hizo famoso, sino haber sido quien en 1572 dirigiese la columna española que capturó a Tupac Amaru I, el último Inca del Reino de Vilcabamba[15]. Después, no se sabe si por amor o para agrandar la afrenta, García de Loyola se casó con la sobrina de Tupac Amaru, la princesa Beatriz Clara Coya, hija de Sayri Tupac. En 1579 llegó a Potosí para ocupar el cargo de Justicia Mayor y su gestión se caracterizó por su adhesión incondicional al bando de los vascos y por su escaso afecto hacia los castellanos, andaluces y extremeños.

En 1581 recibió la orden del virrey del Perú de que debía reclutar 200 hombres que formasen una guarnición para proteger los presidios que se encontraban en la costa chilena. Nadie en su sano juicio querría dejar la fácil opulencia potosina para ir a cuidar presidiarios al árido desierto de Chile, así que no logró encontrar voluntarios para la misión. Pero como era su

---

[14] Los callapos (palabra proveniente del aymara *callapu*: escalera) son troncos de árbol que se usan para apuntalar las galerías de la mina; mientras que un buzón es una construcción que permite acumular y transportar la carga del mineral.

[15] El Reino de Vilcabamba, último reducto inca frente al avance español, coincidía, aproximadamente, con el territorio del actual departamento de Cuzco.

obligación cumplir la orden que había recibido, no le quedó más opción que elegir, al azar, dos centenares de hombres. Parece sin embargo que la lista tan al azar no debió ser, porque al publicarse se hizo evidente que casi todos los nombres eran de extremeños y andaluces y que en ella no había ningún vasco. Furiosos, los enlistados salieron a la plaza de Potosí a protestar ante la afrenta y Loyola, que era más hombre de armas que de parlamentos, no se le ocurrió mejor idea que encarcelar a los revoltosos, lo que solo empeoró la situación y provocó que los vicuñas dinamitaran la carceleta,[16] liberaran a sus paisanos y anduvieran por toda la ciudad mostrando su enfado y destrozando todo lo que encontraban a su paso. Alarmado, García de Loyola se rodeó de su gente, de los vascos, para que lo protegieran y lo apoyaran frente a la furia castellana. Cuando se produjo el enfrentamiento, se dio inicio, oficialmente, a cuarenta años de violencia entre vascos y vicuñas en las calles potosinas.

Fracasado su intento de enviar vicuñas al desierto de Chile, García de Loyola no tuvo más remedio que hacer un nuevo reclutamiento, esta vez formado por vascos, criollos y algunos portugueses. Poco después, él mismo fue nombrado Capitán General de Chile y allí falleció, en 1599, en la batalla de Curalaba, conocida por los realistas como el "Desastre de Curalaba" y por el pueblo mapuche como la "Victoria de Curalaba", lo que como mínimo demuestra cierta disparidad en el recuerdo sobre ese suceso. Loyola murió acribillado por las lanzas de los guerreros mapuches, que le cortaron la cabeza, la guardaron y se la entregaron años más tarde, encogida, reseca y ennegrecida, como presente al gobernador español Alonso García de Ramón.

Juan Ortiz de Zárate Adelantado del Río de la Plata

A Juan Ortiz de Zárate se le recuerda sobre todo por haber sido nombrado como tercer Adelantado del Río de la Plata

---

[16] Tal vez este sea uno de los antecedentes más antiguos de la costumbre de los mineros bolivianos -que aún se mantiene- de acompañar sus protestas con dinamitazos y explosiones.

por el virrey del Perú, pero a veces se olvida que obtuvo ese título, dicho esto de manera literal, porque se lo compró con dinero en efectivo gracias a la enorme fortuna que acumuló tras su paso por La Plata y Potosí, donde fue encomendero, minero, hacendado y autoridad pública.[17]

Juan Ortiz de Zárate[18] nació en Orduña[19] hacia 1521 y aproximadamente entre 1536 o 1539 andaba ya por el Virreinato del Perú. Comenzó su paso por las Indias como hombre de armas y luchó en Xacaquisagua y en la batalla de Huarina, donde casi le matan, logrando como premio a sus méritos dinero en efectivo y encomiendas en Carangas y Tarija. Pronto se asentó en Potosí, donde ya vivía su hermano Lope de Mendieta y para 1551 era uno de los hombres más ricos e importantes de Charcas, riqueza que se incrementó de forma notable al recibir la herencia de su hermano Lope, que consistía en "plata, joyas, y las piedras, caballos y ganados, bienes muebles y raíces, rédito y de juro, rentas y tributos a otros". Pero, sobre todas las cosas, heredó de su hermano uno de los bienes más codiciados de Potosí: la célebre veta Mendieta.

Pero el dinero -sobre todo cuando no te falta- no lo es todo y Juan Ortiz de Zárate también quería honor y títulos y gloria, por lo que decidió utilizar su amplio patrimonio para

---

[17] Ser Adelantado en la administración colonial era un privilegio, pero también conllevaba una importante carga económica, por lo que los Adelantados debían poseer una gran fortuna personal. Los Adelantados tenían el deber de sufragar las expediciones que en nombre de la Corona tomaban posesión efectiva de los nuevos territorios mediante un proceso de colonización real, que por lo tanto implicaba llevar hombres de armas pero también población colonizadora. A cambio, el Adelantado era designado Gobernador y Capitán General de los territorios a colonizar, lo que por supuesto era un honor y también una posibilidad de incrementar la fortuna que ya se poseía.

[18] Todo indica que Juan Ortiz de Zárate se llamaba en realidad Juan de Mendieta y que, ya estando en Perú, se cambió el apellido para mostrar así con más rotundidad sus lazos sanguíneos con su pariente (lejano) Pedro Ortiz de Zárate, el poderoso oidor de la Real Audiencia de Lima.

[19] Urduña/Orduña es un enclave de la provincia de Bizkaia entre Burgos y Álava/Araba.

conseguir el cargo de Gobernador del Río de la Plata[20]. Tras lograr el nombramiento en 1569, regresó a la península ibérica a preparar su expedición, pero desde el inicio todo le fue mal: la organización se fue llenando de inconvenientes, de problemas y de atrasos y no lograron partir hasta 1572 y cuando lo hicieron todo resultó ser un total desastre: las naves no eran las adecuadas, la mayoría de los 400 hombres enrolados eran borrachos, indigentes y marginales sin oficio ni profesión y los pilotos contratados eran tan inexpertos que debían ir de isla en isla preguntando por la dirección correcta hasta que por fin llegaron a las islas africanas de Cabo Verde donde les explicaron que no había modo de perderse, que solo había que ir todo recto en dirección al suroeste y que llegarían a las Indias sin pérdida.

De Cabo Verde, la expedición de Ortiz de Zárate partió en enero de 1573 y navegaron durante días sin inconvenientes hasta que, llegando ya a Brasil, una tormenta dispersó la caravana y casi destruye todos los barcos. Para cuando llegaron a destino, casi dos años después de partir, más de 120 de los expedicionarios, entre tripulantes y colonos, habían desertado o se habían muerto. Ortiz decidió seguir viaje hacia Asunción donde llegó hacia 1575 y donde falleció a los pocos meses de arribar, sin mayor gloria y habiendo perdido la mayor parte de su fortuna.

El venablo que mató a Sancho Usategui

Capitán del ejército real y miembro del bando de los vascongados en la Villa de Potosí, Sancho Usategui estaba plácidamente asistiendo a una corrida de toros en la Plaza Mayor de la Villa durante las fiestas de Santiago del año de 1583 cuando, sin aviso alguno, le alcanzó un venablo[21] arrojado por un extremeño famoso en el manejo de armas arrojadizas. Usategui falleció al instante. Como resultado, cuenta Omiste, los vascos dieron aquella noche fuego a las casas y barrios de los extremeños, buscando al agresor "siendo no pequeño el estrago y

---

[20] Actual República Argentina.
[21] Lanza corta con una punta de metal en forma de hoja de laurel.

causando tal sed de matanza, que se formó ejércitos y se libró la famosa batalla de Cebadillas, donde murió el General Marcelino, quinto corregidor de Potosí".

Fray Rodrigo de Loayza, dolido por cómo se trata a los indígenas en las minas

En 1586, Fray Rodrigo de Loayza, fraile agustino navarro, de verdad alarmado, escribe un memorial sobre las terribles condiciones en las que los indígenas trabajaban en las minas de Potosí: "Los indios que van a trabajar a estas minas entran en estos pozos infernales por unas sogas de cuero, como escalas, y todo el lunes se les va en esto, y meten algunas talegas de maíz tostado para su sustento, y entrados dentro, están toda la semana allí dentro sin salir, trabajando con candelas de sebo; el sábado salen de su mina y sacan lo que han trabajado. Cuando a estos pobres indios se les predica del infierno, responden que no quieren ir al cielo si van allá españoles, que mejor los tratarán los demonios en el infierno... y aún muchos más atrevidos me han dicho a mí que no quieren creer en Dios tan cruel como el que sufre a los cristianos".

El hospital que construyó Juan Ascarretazabal después de muerto

Juan Ascarretazabal Guesalibar nació hacia 1525 en Escoriaza.[22] Miembro de una familia muy conocida de la zona, llegó a las Indias a mediados del siglo XVI y allí, como sucedía tantas veces, cambió su apellido.[23] Bien pudo haber elegido Juan de Escoriaza, pero por algún motivo que nos es negado creyó preferible adoptar el nombre de la ciudad importante más

---

[22] Su nombre oficial actual es Eskoriatza y es una localidad de la provincia de Gipuzkoa.
[23] Como se sabe, la regulación jurídica de los apellidos en el estado español deriva de la Ley de Registro Civil de 1870. Si bien desde 1495 los párrocos registraban en el bautizo el apellido del padre y de la madre, en realidad, la manera del uso de los apellidos era algo voluntario, por lo que existía cierta arbitrariedad y los cambios de apellido o que los hermanos o hermanas tuvieran entre sí apellidos diferentes era algo habitual.

cercana a su pueblo, así que a partir de entonces fue conocido como Juan de Mondragón.[24] Ascarretazabal fue un hombre de armas y tuvo una vida muy agitada, participó en la guerra entre conquistadores de los años cuarenta del siglo XVI y luchó, entre otras, en las sangrientas batallas de Xaquixaguana, Huarina y Pucará. También se sabe que vivió en muchos sitios distintos, como Lima, La Plata, Arequipa y Cuzco, lugar este último donde Juan de Mondragón hizo fortuna y donde tuvo una larga relación con Francisca, una indígena con la que convivió de manera pública y con la que hacia 1550 tuvo un hijo al que bautizó como Pedro. Al final, Juan de Mondragón dejó Cuzco y se marchó a Potosí, que era el lugar donde terminaban casi todos los que andaban por esa parte del mundo en aquella época.

Potosí trató muy bien a Juan de Mondragón y de hecho logró acrecentar muchas veces su fortuna gracias a las minas y las encomiendas. A su muerte en 1587, sus cuantiosos bienes los heredó su hijo Pedro -al que ya se le conocía como Pedro de Mondragón-; pero Juan Ascarretazabal no se olvidó de su pueblo natal y en su testamento le encargó a su hijo que dedicase dos mil ducados para hacer un hospital en su natal Eskoriatza. Pedro nunca pudo viajar al pueblo paterno, quizás más por falta de tiempo que de interés, pero envió el dinero en 1594 y mandó a sus propios hijos a que supervisara las obras El Hospital del Santo Rosario comenzó a construirse hacia 1605 y todavía se puede visitar en Eskoriatza, un magnífico edificio con la fachada repleta de arcos y que llegó a ser, durante un tiempo, un famoso hospital psiquiátrico.

Pedro de Mondragón, el hijo de Juan y de Francisca, también resultó ser muy bueno para los negocios, así que no tardó en multiplicar la riqueza que había heredado de su padre y llegó a tener más de veinte minas e ingenios para la producción de plata. También desarrolló una lucrativa carrera como prestamista y entre sus clientes estuvo el propio Rey de España, al que prestó 60.000 ducados, cosa que el monarca, siempre atento con los banqueros, agradeció de su propio puño y letra.

---

[24] Arrasate/Mondragón, es una localidad de la provincia de Gipuzkoa.

Juan de Garay, fundador de ciudades

Aunque se sabe que Juan de Garay nació en 1528 y era hijo de familia vizcaína, no está claro si lo hizo en Orduña (Bizkaia) o a dos leguas de allí, en Villalba de Losa, provincia de Burgos. Lo que sí se conoce es que su tío, Pedro Ortiz de Zárate, lo adoptó y que cuando fue nombrado Oidor de la Real Audiencia de Lima, se lo llevó a las Indias junto a sus otros hijos. Juan de Garay llegó al Perú cuando apenas había cumplido los 14 años y allí creció y allí hizo sus primeras armas y se dedicó a la vida militar y se curtió en mil batallas.

Más tarde Juan de Garay también se dedicó al comerció en La Plata y en la Villa Imperial de Potosí, y parece que no le fue nada mal, pero lo suyo no era establecerse en ningún sitio y vivió en muchos lugares, pero en todos estuvo de paso y en ninguno llegó a quedarse. En 1561, junto al extremeño Ñuflo de Chaves, participó en la fundación de Santa Cruz de la Sierra, siendo regidor de su cabildo y uno de sus primeros pobladores. Se dice, además, que Garay introdujo la ganadería vacuna en la región cruceña.

Después de abandonar el Alto Perú, a Juan de Garay todavía le sobró el tiempo para ser alguacil mayor de Asunción, actual capital de Paraguay, remontar el río Paraná, fundar la ciudad -ahora argentina- de Santa Fe y ser su capitán general y teniente gobernador; regresar a Chuquisaca, volverse a marchar y en 1580 fundar, por segunda y definitiva vez, la ciudad de Buenos Aires. Juan de Garay murió a los 55 años, se cree que en una emboscada de los indígenas querandíes, a la orilla del río, a cuarenta leguas de Santa Fe.

Juan Miguel de Veramendi o el misterio de las catedrales

La catedral de Sucre, mezcla de los estilos renacentista y barroco, es, a nuestro juicio, la más impresionante de las catedrales bolivianas. El templo se comenzó a construir hacia 1551 bajo la batuta de Juan Miguel de Veramendi, arquitecto, maestro de geometría y cantería, del que se sabe que nació en Bizkaia, aunque no está muy claro dónde.

En su época debía ser un arquitecto muy popular, porque hacia 1560, mientras construía la catedral de La Plata -actual Sucre-, se le encarga construir también la catedral de Cuzco, edificada sobre los restos del antiguo Quiswarcancha, el palacio del inca Huiracocha.

El contrato estipulaba que hiciera una traza "que cualquier maestro pudiera proseguir" y que dirigiera los trabajos de la catedral solo durante un año. Se sabe que los planos que hizo para la catedral cuzqueña coincidían casi al milímetro con los de la catedral de La Plata: iglesia de tres naves con coberturas de bóvedas vaídas con crucerías sostenidas por arcos fajones, presbiterio elevado con graderías y situado al fondo de la nave sin el trascoro. La catedral cuzqueña de Veramendi nunca se llegó a edificar tal como fue diseñada, ya que diversos problemas con la cimentación inca previa, las diferencias de criterio con las autoridades eclesiales y civiles cuzqueñas y el deseo de éstas de hacer un proyecto más grande, llevaron a que al final se modificase el proyecto y que la catedral de Cuzco que ahora conocemos tenga muy poco de aquella que el arquitecto vasco imaginó.

Ese no fue su único fracaso. Tras cumplir su contrato de un año en Cuzco, regresó a La Plata y prosiguió con la construcción del templo. La catedral solo le dio disgustos y después de diez años de trabajos resultó que la obra no satisfacía a nadie, por lo que, en un tono no poco denigrante para el arquitecto vizcaíno, el licenciado De Haro exigió que de una vez se contratase a "alguien que supiese de construcciones" para arreglar todo aquel entuerto. El arquitecto Veramendi falleció hacia 1573, pero su catedral siguió dado quebraderos de cabeza a las y los chuquisaqueños casi durante muchísimo tiempo más: hacia 1580 fue necesaria la reparación general del templo; en 1608, con el fin de reforzar la estructura, se debieron construir cuatro capillas, dos por cada banda; en 1613 se pensó seriamente en derruir el templo y hacer uno nuevo. En 1633 el maestro Antonio de Montero construyó un crucero nuevo cerrándose las bóvedas.

Egidio Oxenemun, el invisible

Bartolomé de Arzans da como cierta la existencia de Egidio Oxenemun, aunque la mayoría de los estudios históricos están convencidos que el cronista potosino se lo inventó, intentando construir una especie de estereotipo del emigrante vasco en Potosí. Es probable que haya sido así y el propio apellido, de resonancias no demasiado vascas, tampoco ayuda mucho a creer que Egidio haya sido real.

Sin embargo, lo de menos es si Oxenemun existió o no, porque su historia, real o ficticia, ilustra a la perfección la realidad de centenares de vascos que llegaron a Potosí cuando recién comenzaba el siglo XVII. Arzans afirma que Egidio Oxenemun llegó a la ciudad el año 1601: "trajo este vascongado caballero cerca de un millón de reales en ropa de Castilla por Buenos Aires y con él vinieron 32 mozos vizcaínos que por acá llaman chapetones cuando son los principios de su llegada. Luego que despendió su ropa, compró ingenios para sí y agenció varios oficios con renta y honor para sus chapetones y demás amigos de su nación, y como ésta se sabe dar la mano los unos a los otros, en breve tiempo se hallaron todos igualmente ricos".

Los hermanos Verasátegui

Alaveses, hidalgos y naturales de Aramaio,[25] los hermanos Verasátegui eran hijos de un maestro de caligrafía y de aritmética, lo que no era poco para aquella época iletrada. Los Verasátegui llegaron a Potosí por tramos. El hermano mayor, Pedro, fue el primero en llegar a la ciudad hacia el año 1600 y luego poco a poco le siguieron los demás hermanos varones de la familia: Jerónimo, Domingo, Antonio y Tomás. Con el tiempo los Verasátegui se convirtieron en los hombres más poderosos y más temidos de la ciudad.

De los hermanos Verasátegui se recuerda su cautela, su mal carácter y su crueldad. También que en cuestiones de negocios no se andaban con remilgos ni con buenas maneras.

---

[25] Municipio perteneciente a la provincia de Álava/Araba.

Arzans cuenta que los hermanos Pedro y Domingo le quitaron la mina a Juan Sánchez, conocido como el "zapatero" y más adelante "echaron de las minas de Piquisa[26] a los andaluces, peruanos y extremeños que las tenían". En otra ocasión los hermanos decidieron adueñarse de una mina especialmente rica en plata que era propiedad de un soldado conocido como Juan Lobo, así que comenzaron a amenazarle y a acosarle, llegado incluso a quemarle su casa para que se fuera para siempre de Potosí. Lobo se quejó ante el alcalde de minas y cuando este, en su calidad de autoridad, fue a reclamar por aquella situación, los Verasátegui no se mostraron nada receptivos a la amonestación, así que agarraron a la autoridad "quitáronle las calzas y diéronle muchos azotes".

Para inicios de la segunda década del siglo XVII, los Verasátegui ya eran infinitamente ricos y Domingo era respetado y obedecido por todo el bando vasco, lo que significaba que era el ciudadano más prominente entre todos los habitantes de la Villa Imperial de Potosí o, dicho de otro modo, que era el hombre más importante de la ciudad más grande y poderosa del orbe. Controlaba la economía, la política y la administración de la ciudad y lo que él quería se hacía. Cuando la guerra potosina entre vascongados y vicuñas entró en su momento más difícil, todos esperaban que Domingo Verasátegui se pusiera a la cabeza de los vascos y así sucedió. Eso significaba, en aquella época, morir y matar.

Cuando todo parecía indicar que el destino inevitable de Domingo Verasátegui era caer en la batalla contra los castellanos, la suerte le tenía preparado otro rumbo y el poderoso Domingo Verasátegui falleció año de 1922 en la cama y víctima del tifus, dejando tras suyo a todos los vascos, a los otros hermanos y también a su esposa Clara Bravo de Cartagena, una niña criolla con la se había casado tres años antes. Al casarse, Clara solo tenía trece años y a los dieciséis ya era viuda e inmensamente rica. Tras la muerte de Domingo, Pedro asumió el mando, pero eran tiempos difíciles y la buena estrella de los vascongados estaba por

---

[26] Cerro de Potosí.

terminarse: después de que los vicuñas sitiaran su casa e intentaran quemarla con él y su familia dentro, Pedro Verasátegui tuvo que ser rescatado por el corregidor y escoltado hasta La Plata, donde falleció exiliado hacia 1626. Los demás hermanos tuvieron también un destino aciago y tanto Jerónimo como Tomás, que era eclesiástico, murieron asesinados por los castellanos antes del cambio de década. El único hermano que sobrevivió a la guerra fue Antonio, el más joven de todos, cuyo hijo potosino, Miguel, llegó años más tarde a ser alcalde de la ciudad.

Pedro de Oyanume

Pedro de Oyanume, capitán de los vascongados en la guerra contra los Vicuñas, fue, junto con Domingo Verasátegui, el vasco más influyente de la primeras décadas del s. XVII en la Villa Imperial de Potosí, a donde llegó hacia el año 1600 proveniente de su natal Hernani (Gipuzkoa) y donde prosperó rápido, convirtiéndose en dueño de dos ingenios, uno en la Ribera y otro en Tarapaya[27], así como minas y una gran fortuna que, se dice, ascendía a los 100.000 ducados.

Personaje contradictorio, era famoso por su espíritu compasivo y Arzans lo califica como "caritativo y nobilísimo vizcaíno con los pobres" y cuenta que todos los días salía a la puerta de su casa para dar en persona de comer a los desheredados y que "lo hacía antes de sentarse él a la mesa". Este espíritu caritativo no le impedía, sin embargo, usar en los negocios todas las prácticas necesarias, honestas o deshonestas, para seguir incrementando su patrimonio. De hecho, en la época fue famosa la forma en la que Oyanume tomó para sí, con malas artes, la famosa mina de Juan Blanco, considerada en la época una de las más ricas de Potosí. Cuenta Arzans que Blanco "ardiendo en iras, juntándose con los contrarios de la nación vascongada hizo después muchos estragos en ella".

El fuego de la guerra no se alimenta solo.

---

[27] Municipio potosino.

Los muertos resucitados por Vicente Bernedo Albistur

Martín Bernedo Albistur cambió su nombre por el de Vicente al ser ordenado como fraile. Nacido en Puente la Reina,[28] en el Valle de Izarbe (Navarra)[29] en 1562, muy joven se marchó a estudiar a la universidad de Alcalá de Henares y allí hacia 1580 ingresó en la orden de los dominicos. En 1595, en un arranque de fe o de esperanza de cambiar de aires, Vicente partió en una expedición misionera hacia las Indias.

Tras unos cortos años entre Cartagena de Indias y Lima, Vicente Bernedo llegó a las altas tierras potosinas en 1600. En el convento de los dominicos, Fray Vicente comenzó una vida de recogimiento, penitencia, pobreza y oración. En su celda, la más pequeña y modesta del convento por deseo propio, el fraile tenía dos cilicios, uno de cerdas que siempre llevaba bien apretado a raíz de las carnes y un chaleco de cardas de alambre que el Prelado del convento le quitó una noche a escondidas por temor a que, en un exceso de devoción, el dominico se infringiera heridas mortales. Poco a poco fue adquiriendo reputación de santo, en buena parte gracias a las profundas y visibles heridas que la vida penitente había dejado en todo su cuerpo y que tanto conmovían y acongojaban a sus feligreses y feligresas, pero también por su extraordinaria maestría para predicar entre la gente humilde.

Por algún motivo que desconocemos, hacia 1606, fray Bernedo deja su vida de recogimiento, sale del convento, arranca a caminar y no para hasta recorrer toda Charcas predicando la palabra de Dios, evangelizando pueblos indios y viajando siempre de la manera más pobre. En aquella época se lo comenzó a conocer como el "apóstol del altiplano" o el "apóstol de Charcas".

Durante ese largo viaje comenzó fray Vicente Bernedo a hacer pública su insólita habilidad para resucitar muertos. Al primero que devolvió a la vida fue a un niño indio que se había ahogado en un río: fray Vicente lo llevó a su alcoba y al poco

---

[28] Puente la Reina/Gares.
[29] Navarra/Nafarroa.

tiempo el niño salió de la mano del fraile y caminando por su propio pie, sano y sin ningún daño, aunque seguro que bastante abrumado por toda aquella prodigiosa experiencia de morirse en un rio para resucitar luego en el aposento de un dominico. Posteriormente, se dice que en el valle de Vitichi, fray Vicente resucitó con extraordinaria facilidad a una señora de nombre Francisca Martínez de Quirós. Como resultado de estos hechos, en 1662 el Arzobispo de La Plata formó una comisión que se encargó de iniciar el proceso informativo de la vida, virtudes y milagros de Vicente Bernedo.

Aunque más de cuatro siglos después todavía no lo han santificado, ni siquiera beatificado, en Potosí se asegura que los milagros alrededor de fray Vicente no han cesado: su cuerpo se conserva intacto e incorrupto y existe una fuente cercana a su celda de donde brota un agua que las y los creyentes beben y que, se dice, es capaz de curar casi todas las enfermedades.

Martín de Murua, cronista de indias

Pese a que Martín de Murua[30] dejó escrito que había nacido en el mismo lugar que Ignacio de Loyola, es decir, en Azpeitia, Gipuzkoa, estudios posteriores establecen que nació hacia 1566 en Eskoriatza y que fue el sexto hijo de Pedro de Murua, barbero y cirujano, y de María Ruiz de Gallaistegui.

Pronto la fe o las circunstancias lo llevaron a la vida religiosa y se hizo mercedario. Todo indica que entre 1577 y 1579 partió junto con otros frailes mercedarios a evangelizar el Virreinato del Perú.

Entre 1580 y 1585 Martín de Murua fue cura en dos poblaciones paceñas rivereñas del Titicaca: Huata y Huarina. Luego se fue a Perú y en Apurimac colaboró con el cronista de indias Felipe Huaman Poma de Ayala[31], al que al parecer

---

[30] En general su apellido suele aparecer en muchos textos castellanizado, es decir, con tilde, aunque en sus propios escritos él lo escribía en la versión euskera, es decir, sin tilde, que es la manera en la que nosotros lo usaremos.
[31] En muchas ocasiones, el nombre de Huaman Poma aparece castellanizado como Guamán Poma.

contrató y con el que escribió "*Historia del origen y genealogía real de los reyes incas del Perú*".

Huaman Poma y Murua, primero juntos y después cada uno por su lado, contribuyeron a un importante cambio en la forma en la que se escribía la historia de las Indias. Si hasta entonces las crónicas no tenían ninguna ilustración en absoluto o las pocas que tenían eran hechas más tarde por artistas europeos, Huaman Poma y Martín de Murua comenzaron a realizar ilustraciones en color de lo que veían y de lo que oían.

Durante su estancia peruana, Murua escribió su obra más famosa: la "*Historia General del Perú. Origen y descendencia de los incas, donde se trata, así de las guerras civiles incas, como de la entrada de los españoles*" que constituye como una obra esencial para comprender la cultura andina de su época.

Al final, su vínculo con Felipe Huaman Poma de Ayala no terminó nada bien. Tras una larga relación, el cronista indígena le acusó, ni más ni menos, que de querer quitarle su mujer. De hecho, Huaman, en su famoso "*De nueva crónica y buen gobierno*", que es una enorme crítica al comportamiento de los colonizadores, se lamentó con amargura de todos los males que le habían causado los católicos: "Mira cristiano, todo a mí se me ha hecho, hasta quererme quitar mujer un fraile llamado Morua". Por si eso fuera poco, en una de sus famosas láminas, dibujó a Murua apaleando a una tejedora india y lo mostró como un ejemplo de la brutalidad de los sacerdotes contra la población nativa. Escribió: "este dicho Murua fue comendador del pueblo de Yanaca de la provincia de los aymaraes el cual destruyó grandemente a los indios con el mal y daños y trabajo (...) y este dicho fraile era juez de comisión del corregidor, quitaba mujeres casadas y a las hijas y hermanas de los indios".

A partir de 1612, el fraile Murua vivió en varios lugares de América del Sur, entre ellos varias ciudades del actual territorio boliviano, como La Paz, Chuquisaca o Potosí y después regresó a Europa donde trató, sin éxito, de publicar su "Historia General..." que en realidad no sería publicada hasta bien adelantada la segunda mitad del siglo XX. Cerca de la muerte, regresó a su natal Eskoriatza, donde falleció el 6 de diciembre de 1615. Hacía solo 32 días que había regresado a su pueblo.

Sus obras, tanto la "Historia del origen y genealogía real..." o su "Historia General del Perú..." están surtidas con extraordinarias láminas a todo color que muestran príncipes y reyes incas lujosamente ataviados, princesas coyas, vírgenes sacerdotisas, escenas de guerra, aspectos de la religiosidad incaica, detalles de las construcciones, etc. Son la forma más cercana que tenemos para entender gráficamente la grandeza del imperio inca, de sus vestimentas, de sus ciudades y de sus costumbres.

Catalina de Erauso, la Monja Alférez

Catalina de Erauso nació en San Sebastián[32] (Gipuzkoa) en 1585, hija de Miguel de Erauso, mercader y armador de buques de la ciudad. Cuando solo tenía cuatro años, su padre la mandó, bajo la tutela de su tía Úrsula de Unza y Sarasti, al convento de monjas de San Sebastián el Antiguo, pese a que parecía evidente que, como el tiempo se encargaría de demostrar, Catalina no sentía ninguna vocación por la vida contemplativa. Hacia 1600, con unos 15 años, harta de la disciplina monacal y tras una pelea con otra novicia, Catalina se escapó del convento vestida de hombre y anduvo de tumbo en tumbo por la mitad de los reinos de España.

Pasó por Bilbao,[33] por Vitoria y por Valladolid y se sabe que en Sanlúcar de Barrameda se embarcó hacia Panamá, a donde llegó hacia 1603 haciéndose aún pasar por hombre y entablando relaciones laborales con las empresas vascas que había por la zona, con las que comenzó muy pronto a trabajar. Estas actividades comerciales llevaron a Catalina de Erauso a pasar unos años entre Charcas y Potosí, bregando como ganadera y comerciante de trigo cochabambino: "Fui y compré ocho mil fanegas, a cuatro pesos, carguelas en los carneros, víneme a los molinos de Guilcomayo, molí tres mil quinientas y partí con ellas

---

[32] Donostia/San Sebastián.
[33] Bilbo/Bilbao.

a Potosí. Vendílas luego allí a quince pesos y medio y volvíme a los molinos; hallé allí molido parte del resto y compradores para todo".

Sin embargo, la vida comercial no era para nada la vocación de Catalina y ella disfrutaba mucho más con la emoción de la batalla. Su vida, que ella misma se encargaría de contar en su autobiografía, estuvo llena de azares: en 1629 fue soldado en la guerra de Arauco contra el pueblo mapuche y pasándose por hombre hizo tantos méritos que llegó al grado de alférez; en 1623 fue detenida después de un altercado y para salvarse tuvo que confesar que era mujer, fue enviada a España y recibió la protección del rey que fue el que le dio su famoso apelativo de la "monja alférez". La situación de la novicia soldado debió resultar tan sorprendente en aquella época que Catalina se hizo famosa, viajó por toda Europa y llegó a ser recibida por el Papa Urbano VII que, en un insólito alarde de modernidad y tolerancia, le autorizó a seguir vistiendo de hombre "si así era su gusto".

En los años treinta del siglo XVII, Catalina se volvió a marchar a las Indias, esta vez a Veracruz y nuevamente se dedicó al comercio. También le contó, a todo el que quisiera escucharla, que en realidad era hombre y que se llamaba Antonio de Erauso. En una relación verbal hecha en el convento de los capuchinos de Sevilla por el padre fray Nicomedes de Rentería, este, que la había conocido en México poco antes de fallecer, la describió del siguiente modo: "Que andaba en hábito de hombre, y que traía espada y daga con guarniciones de plata, y le parece que sería entonces como de cincuenta años, y que era de buen cuerpo, no pocas carnes, color trigueño, con algunos pocos pelillos por bigote". Catalina de Erauso falleció en Veracruz hacia 1650.

De cómo Sancho de Mondragón fue humillado por la bella Margarita Astete

Sancho de Mondragón había estipulado con el padre de Margarita Astete casarse con su hija el día de San Juan de 1608. Claro que nadie se había tomado la molestia de preguntarle a Margarita su opinión. Resulta que la hija de los Astete, que tenía fama de ser una de las mujeres más hermosas de la Villa de Potosí, estaba secretamente enamorada de Nicolás Pablo Ponce de León, el que, además, le correspondía en su amor.

Enterado Ponce de León del casamiento, planeó, confabulado con su buen amigo Bernardo Cortez, secuestrar a Margarita antes de que ésta jurase sus votos de esposa. Así, el mismo día de la boda salieron a caballo Ponce y Cortez rumbo a la Iglesia Mayor de Potosí y en la plaza se toparon con Sancho de Mondragón que salía de su casa acompañado de toda la nobleza vasco-potosina, que eran más de cien hombres. También estaba allí la novia Margarita, caminando al final de la comitiva y suspirando afligida ante la proximidad de su matrimonio con un hombre al que no amaba. Comenzó la algazara y tal vez los vascos fueron agarrados por sorpresa, porque pese a la abrumadora inferioridad numérica, lo cierto es que Ponce de León logró montar a la grupa de su caballo a la bella Margarita, que a estas alturas ya se había desmayado del miedo y del sobresalto, y huir con ella.

Herido en lo más profundo de su orgullo, Sancho de Mondragón no tuvo ninguna duda de que solo la sangre derramada podría resolver aquella inaudita ofensa. Ardiendo de ira y acompañado de seis caballeros vascongados, todos ellos bien armados y con buenos caballos, salieron los siete detrás de los huidos y les dieron alcance a dos leguas de la Villa Imperial. Ponce de León dejó en el suelo a la todavía desvanecida, pero aun así bella, Margarita y se enfrentó, junto a su amigo Cortez, con los siete vizcaínos. La batalla duró como dos horas y fue aciaga para los vascos: Sancho de Mondragón murió de una bien dirigida estocada en el torso y con él se fue de este mundo su camarada y paisano Martín de Lorri, mientras que los otros cinco vizcaínos huyeron todos muy mal heridos.

En descargo de los vascos hay que decir que en plena refriega acertó a pasar por allí un capitán andaluz de nombre Antonio Galíndez acompañado de sus dos hijos, quienes a solicitud de Margarita, ya repuesta de su vahído, aceptaron, quizás por esa manía de los hidalgos de ayudar al en apariencia más desvalido, a luchar contra los vizcaínos, que eran todos hombres y más en número. Es bueno también apuntar, para salvar en algo la honra de los derrotados, que tampoco Ponce de León ni Cortez salieron indemnes de la batalla, teniendo el primero siete heridas de gravedad y cuatro el segundo. Una vez acabada la batalla, y pese a tantas heridas, los dos castellanos y la mujer regresaron a sus monturas y cabalgaron hasta La Plata donde al poco tiempo Margarita Astete y Nicolás Pablo Ponce de León se casaron.

Poco les duró sin embargo la tranquilidad, porque en aquellos tiempos, como ahora, las afrentas no se olvidaban así sin más, por lo que hasta La Plata fue a buscarlos Diego de Mondragón, sobrino de Sancho, acompañado de otros vizcaínos y con la intención de cobrar venganza. Atacando por sorpresa, los vascos encontraron a la pareja solazándose en el lecho conyugal y allí mismo, sin mayor preámbulo, se inició la pelea. Ponce, en paños menores, se defendía penosamente de los vascongados que los atacaban y parecía que los amantes tenían los minutos contados. Diego de Mondragón logró agarrar por el pelo a la bella Margarita con la clara intención de degollar a la infeliz y cuando estaba a punto de hacerlo, inexplicablemente, la mujer estiró sus frágiles brazos, agarró con una fuerza sobrenatural la empuñadura del alfanje[34] con el que Diego pretendía decapitarla e, inesperadamente, le dio a su agresor un profundo corte desde una oreja hasta la contraria, tajo que lo llevó, tras una noche y un día de agonía, de esta vida a la otra. Sin líder y sorprendidos por la inesperada defensa que habían encontrado en tan frágil dama, huyeron los vascos de vuelta a Potosí. Días después, también escaparon de Chuquisaca Margarita Astete y Nicolás Pablo Ponce de León, dirigiéndose hacia la ciudad de Cuzco, donde hallaron asiento y refugio y donde vivieron una vida, se dice, larga y dichosa.

---

[34] Arma de tajo de hoja curvada en al menos uno de los lados y de un solo filo.

La última pelea de Juan de Urbieta

Con fama de mal encarado, peleador, abusivo y buscapleitos, Juan de Urbieta había sido el acompañante del teniente del corregidor del Asiento de Tatasi,[35] el también vasco Francisco de Elejalde. La madrugada del 8 de junio de 1622 se encontró el cadáver de Urbieta tirado en mitad de la calle, muy cerca de la casa del Capitán Uyanume, con todo el cuerpo lleno de estocadas y las manos amputadas desde las muñecas. Tras su asesinato, los vascos, locos de ira, salieron a la calle a dar fuego a las casas y barrios de los extremeños gritando coléricos: "el que no responda en vascuence, muera".

Eulogio Alonso de Zúñiga después del Te Deum

Por la época del asesinato de Urbieta, llegó Eulogio Alonso de Zúñiga a dirigir el corregimiento de Potosí. Eran malos tiempos y, día sí y día también, había abundantes muertos y heridos vascos, castellanos y extremeños. Cuenta Omiste en sus crónicas potosinas que recién llegado Eulogio Alonso de Zúñiga a Potosí y no bien salió de asistir al *Te Deum* que en honor suyo entonó la iglesia potosina, cogió separadamente a los dos bandos, los apaciguó y restableció la paz y la concordia en la Villa: "metiendo en un zapato a los orgullosos señorones acostumbrados a hacer y deshacer conforme a su real gana". La paz no duró mucho y en los siguientes años las calles de Potosí se siguieron llenando de muertos.

Los dos Pedros de Zumárraga

Bartolomé de Arzans lo nombra en su Historia de la Villa Imperial de Potosí, cuando habla de un Pedro de Zumárraga que trató, sin éxito, de evitar que se azotase al soldado Lope de Aguirre. Arzans dice de él que era contador y "hombre principal y honrado de la villa".

---

[35] Pequeña población del sur de Potosí, ahora pertenece a la provincia Sud Chichas.

Setenta años después, otro Pedro de Zumárraga no pudo evadir las vicisitudes de la guerra. Se le acusaba de varias muertes, como la del alguacil Beltrán Oyón, de Diego Serrano, de Bernabé Arroyo y de una "negra y un indio" de los que el cronista no creyó ni siquiera necesario recordar el nombre, pero sí anotar que murieron en el valle de Pitantora. Zumárraga, que solo tenía 28 años, fue capturado en la localidad de Macha[36] a comienzos de marzo de 1625. Tras un juicio sumarísimo se le sentenció a muerte, se le aplicó el garrote vil y se decidió que su cuerpo sin vida fuera primero colgado en una de las almenas de la plaza y luego cortada su cabeza y llevada a la Real Audiencia para que, mostrada al pueblo, sirviese de escarmiento general.

Los 40.000 bautizos de Cipriano Barace

Sacerdote jesuita, aventurero, comerciante, cirujano, arquitecto, explorador y ganadero, la historia de Cipriano Barace merecería ser mucho más conocida. Nacido en Isaba[37] (Navarra) en 1641, se dice que antes de cumplir 15 años ya estuvo a punto de morir dos veces, la primera a manos de unos pastores que quisieron lincharle al creer que era el autor de un incendio y la segunda durante unas inundaciones del río Ezka.

En 1673 es ordenado sacerdote en Lima y en 1675 el Obispo le envía a Moxos, la norteña región amazónica de la actual Bolivia, con la misión de estudiar la disposición de los pueblos indígenas para ser evangelizados. La disposición, todo hay que decirlo, no era nada buena. Aun así, Barace, inasequible al desaliento, se desempeñó notablemente bien en su labor.

En la selva de Moxos hizo un poco de todo: exploró ríos, redujo indígenas, diseñó iglesias, construyó al menos quince puestos de misión, fundó pueblos y ciudades -entre otras, en 1698, la ciudad de Trinidad, actual capital del Departamento del Beni-, curó enfermos, ayudó en partos e introdujo en la Amazonia el ganado vacuno, caballar y ovino.

---

[36] Actualmente en Potosí hay dos Machas: Santiago de Macha y San Pedro de Macha.
[37] Isaba/Izaba.

Pero sobre todo, bautizó indígenas. En una cantidad extraordinaria. Sus biógrafos más conservadores hablan de unos 11.000 y los más entusiastas dicen que fueron más de 40.000. Si la segunda cifra es cierta, cosa de la que nos permitimos dudar, Barace bautizaba a una media de unos 1500 indígenas por año, 125 al mes, es decir, unos cuatro al día, incluyendo, por supuesto, domingos y fiestas de guardar.

Cipriano Barace murió en 1702, asaetado por docenas de flechas de los indígenas baures que mostraron así su contrariedad hacia sus pías intenciones de convertirlos al cristianismo. El monumento a su memoria se alza en una avenida principal de la ciudad de Trinidad. Su figura de bronce cargando una gran cruz se encuentra en lo alto de un pedestal, debajo de él, mirando enigmáticamente hacia el infinito, una vaca y un toro.

Segunda parte. Del siglo al *XVIII* al siglo *XIX*

Posteriormente corrí mucho mundo, pero no aprendí nada absolutamente

Juan de la Cruz Oblitas

El diccionario chiriguano del padre Pedro León de Santiago

Pedro León de Santiago, nacido en 1747, no era, de manera estricta, vasco, sino de Samiano, un pequeño islote burgalés rodeado por territorio de Álava. Pese a ese origen, o quizás debido a él, es muy usual encontrar documentos que se refieren a su procedencia vasca. Padre franciscano, en 1777 León de Santiago dejó su tierra natal con dirección a las Indias para comenzar su labor misionera, salió de la Coruña con destino a Montevideo y tras unos meses en esa ciudad fue destinado a una misión exploradora en el que era, tal vez, el lugar del mundo con un nombre más bonito e inquietante: el Puerto de la Bahía Sin Fondo, en la actual Patagonia argentina[38]. Tras una corta estancia patagónica, el fraile burgalés regresó nuevamente a Montevideo para después viajar a Tarija, actual Bolivia, donde llegó hacia 1780. El padre León fue enviado casi inmediatamente a la misión de Salinas y años después a la misión de Abapó, en el actual departamento boliviano de Santa Cruz, donde murió veinte años después.

Los pueblos indígenas del norte de Tarija hablaban -y lo siguen haciendo- un idioma que se conoce popularmente como "chiriguano" pero que en realidad es una lengua de la familia lingüística tupí-guaraní que se utiliza en el oriente boliviano y en el norte argentino. Con fines de evangelización, lo que no le resta ningún mérito, el padre León de Santiago escribió el primer diccionario chiriguano-castellano-chiriguano y la primera gramática del tupi-guaraní. Esta obra no se publicó porque los censores del convento San Francisco de Tarija no la aprobaron, así que fue archivada e incluso fue dada por desaparecida durante un incendio del convento. El manuscrito del diccionario del padre León de Santiago fue hallado y publicado a finales del siglo XX, casi doscientos años después de ser escrito.

---

[38] Lamentablemente, a la bahía se le cambió el nombre y alguien, con muy escaso sentido poético, la rebautizó con el anodino nombre de Puerto Nuevo y así se sigue llamando en la actualidad.

A los pueblos indígenas tupí-guaranís no les gusta nada que se les llame "chiriguanos", lo que no es de extrañar considerando que las y los lingüistas e historiadores han llegado a la conclusión de que ese nombre, sin duda despectivo, se lo pusieron los conquistadores incas antes de la llegada de los conquistadores europeos y proviene del término quechua "chiri wanu" que puede traducirse, más o menos, como "estiércol frío".

Las recetas de cocina de Maria Josepha Escurrechea y Ondusgoytia Condesa de Otavi y Marquesa de Cayara

Antonio Escurrechea Iturburu, Caballero de la Orden de Santiago y Coronel de los Dragones del Rey, se casó con Micaela de Ondarza y Galarza, natural de Potosí pero proveniente de una familia vasca y adinerada. En 1736 nació su hija, Maria Josepha Escurrechea y Ondusgoytia, Condesa de Otavi y Marquesa de Cayara, que en 1776 escribió y publicó en Potosí uno de los primeros libros conocidos de recetas bolivianas.

El recetario tiene un título largo pero significativo: "Libro de Cocina, de Doña Josepha de Escurrechea, Contiene varias recetas curiosas que podrán desempeñar al más lucido y costoso banquete". Este libro, considerado uno de los mayores recetarios coloniales existentes, contiene la primera receta conocida del "lomo saltado" un plato popular y emblemático de las cocinas peruana y boliviana: "Se compone el lomo saltado con hartos tomates, ajíes verdes, perejil, harto ají ahogado con cebollas en gajos, harta manteca y sal. Sin agua que de ellos sale el caldo de esta sartenada, sacudiendo la olla hasta que cueza, fuera del fuego se le pone un chorrito de aceite".

Sebastián de Segurola y Oliden durante el cerco de Julián Apaza

Para finales del siglo XVIII los pueblos indígenas ya no aguantaban más. La explotación, el maltrato, los permanentes agravios y los trabajos obligatorios fueron creando un clima de rebelión imparable que provocó una ristra de grandes levantamientos contra la colonia. Entre 1780 y 1782 más de 100.000 indígenas se alzaron contra el poder colonial al sur del

Perú y a lo largo y ancho del territorio de Charcas, llegando hasta el norte del actual territorio argentino. En Cuzco el líder más más importante fue José Gabriel Condorcanqui Noguera, conocido como Tupac Amaru II; mientras que en el Alto Perú destacaban cuatro nombres: Tomás Katari cacique del pueblo de San Pedro de Macha (Potosí), Julián Apaza, de Ayo-Ayo (La Paz), Bartolina Sisa, nacida en el valle de Caracato pero criada en Sica Sica;[39] y Gregoria Apaza, hermana de Julián. Tras el cruel ajusticiamiento de Katari y de Amaru, Julián Apaza, renunció para siempre a su nombre español, conjugó el nombre de los dos caídos y decidió comenzar a ser conocido como Tupac Katari.

Antes de las rebeliones nada parecía presagiar que Julián Apaza fuese a encabezar el que llegaría a ser el levantamiento contra la colonia más importante del siglo XVIII. De hecho, antes de comandar el gran ejército aymara, fue panadero y sacristán y mercader de hoja de coca. Sin embargo, Tupac Katari demostró de largo su capacidad militar y logró, junto a su mujer Bartolina Sisa y su hermana Gregoria, organizar y dirigir un ejército de unos 20.000 hombres. Tras largas batallas, los indígenas tomaron control de toda la región altiplánica, asesinando a todos los europeos que encontraban a su paso, hasta que en las puertas de Nuestra Señora de La Paz se unieron los ejércitos de Tupac Catari y de Andrés Tupac Amaru, sobrino de José Gabriel y juntos decidieron sitiar la ciudad.

La orografía de La Paz era -y por supuesto sigue siendo- muy propicia para el cerco: de pronto la altiplanicie andina se rompe abruptamente en un semicírculo y cae, casi en picado, trescientos metros hasta un valle estrecho y largo donde está la ciudad. Entonces, el ejército de los dos Tupac solo tenía que quedarse en la altura y desde ahí ahogar la vida de los paceños. Lo de ahogar era también literal, porque los hostigadores soltaron el agua de las represas que estaban en lo alto y, así, a los muertos por hambre hubo que sumar también los ahogamientos por las turbiones. El sitio duró desde marzo a agosto de 1781, con una breve interrupción en julio, y aunque los ejércitos

---

[39] Ambas localidades en el departamento de La Paz.

indígenas nunca llegaron a tomar la ciudad, ésta se fue muriendo poco a poco. Las crónicas de la época cuentan que desaparecieron los canes, los gatos y las aves y que los paceños y las paceñas, sobre todo los de menor edad, fallecían todos los días de inanición. Se cree que como resultado del hambre, las escaramuzas, las batallas, las condiciones del sitio y las inundaciones, falleció cerca de la mitad de la población de La Paz.

En esa ciudad hambrienta y rodeada por un ejército de aymaras gobernaban dos vascos. El corregidor, del que hablaremos más adelante, era el bilbaíno Fermín de Gil y Alipazaga, mientras que el jefe militar responsable de defender la ciudad era Sebastián de Segurola y Oliden, nacido en Azpeitia (Gipuzkoa) a finales de enero de 1740. Segurola tuvo fama de firme y de estricto, pero también de cruel y se negó tajantemente a negociar la rendición de la ciudad pese a las enormes bajas en su ejército y la ristra de muertos en la población civil.

El cerco terminó con la llegada del ejército realista comandado por el Coronel José Reseguín al mando de 7000 hombres y trayendo carros llenos alimentos para aliviar el hambre crónica de la población sitiada. La posterior represión del ejército español contra los y las indígenas, dirigida por el vasco Segurola, fue cruel hasta lo inimaginable y la consigna fue la eliminación ejemplarizante, como si en el asesinato a sangre fría existiera algún valor pedagógico. Cientos de hombres y mujeres indígenas fueron torturados y ultimados y el levantamiento fue sofocado con sangre y con fuego. En la localidad de Peñas, muy cercana a La Paz, apresaron a Túpac Katari que fue descuartizado frente a su pueblo, también se ajustició con crueldad a su mujer Bartolina Sisa y a su hermana Gregoria Apaza. Sus figuras son ahora una leyenda y un modelo para las y los indígenas bolivianos.

En 1789, con 48 años, Sebastián de Segurola falleció en un accidente. Pocos días después de su muerte, con la impuntualidad del correo colonial, llegó su feliz nombramiento como Maestre de Campo y como Presidente de la Real Audiencia de Charcas en reconocimiento a su larga y exitosa carrera militar y al modo ejemplar con el que había resistido el cerco.

Se dice que una de las comidas más tradicionales de La Paz, el "Plato Paceño" fue resultado del cerco de Apaza y de la terquedad del jefe militar realista. Cuando los alimentos empezaron a escasear y la carne desapareció del menú paceño, el capitán Sebastián Segurola y Oliden mandó llamar a todos los dueños de haciendas próximas para que recolectasen todos los productos posibles. Los propietarios llegaron a la ciudad con lo poco que ya les quedaba: maíz, habas, papas y leche de cabra. Más de doscientos años después, en La Paz se sigue disfrutando mucho con este plato: un choclo, habas y una papa, todo cocido por separado y acompañado de un, cuando es posible, generoso trozo de queso.

El largo juicio que hizo Fermín de Gil y Alipazaga para que se restituyera su honor

Gil y Alipazaga nació en Bilbao (Bizkaia) y fue bautizado en la iglesia de los Santos Juanes el 11 de noviembre de 1726. Viajó a Buenos Aires más o menos hacia 1751 y más tarde se dirigió al Virreinato del Perú. En 1765 fue nombrado capitán en una de las compañías del tercio de milicias de la ciudad de La Plata y luego alcalde veedor del Cerro de Potosí. En 1776 fue encargado del Corregimiento de La Paz.

Cumpliendo este cargo se produjo el cerco a La Paz por parte de Tupac Katari. En ese trance, como ya hemos visto, el vizcaíno Gil y Alipazaga era el corregidor y el guipuzcoano Segurola y Oliden era el Jefe Militar y desde el principio fue evidente que, pese a ser paisanos, no había forma humana de que ambos se llevasen bien: Gil creía que Segurola se entrometía en cuestiones civiles que no le incumbían y a su vez, este aseguraba que Gil intervenía en disputas castrenses fuera de su jurisdicción. Los altercados fueron constantes y las reconciliaciones variadas, pero en los hechos el jefe militar tenía más poder que el jefe civil y en 1782 el virrey Vértiz[40], cansado de las constantes quejas de Segurola, destituyó fulminantemente a Gil.

Gil y Alipazaga comenzó entonces un laberíntico proceso burocrático y judicial tratando de restituir su dignidad y de cobrar los daños y perjuicios por los sueldos no percibidos. Lucro cesante, que se diría ahora. El proceso comenzó en 1782 y concluyó en 1807, es decir, duró 25 años, durante los cuales Gil abrió trámites y recursos ante todas las instancias a las que tuvo acceso: la Real Audiencia de Charcas, el Virreinato de Perú, el Consejo de Indias y la Corte en Madrid. Al final se le dio la razón a Gil, declarándosele de manera oficial como "bueno y celoso ministro, fiel y servidor de su majestad, digno de ser restituido a su honor y empleo". La sentencia estableció que Segurola indemnizara a Gil con 20.000 pesos, pero para ese momento el antiguo jefe militar de La Paz llevaba ya casi 20 años muerto, por lo que se dispuso que la factura la pagaran sus hijas, dado que ellas habían heredado los bienes de su padre el capitán. La instrucción estaba, entonces, dada, pero la administración española era lenta y onerosa y Fermín de Gil y Alipazaga vio pasar los años sin cobrar un solo real y de hecho falleció en el Hospital de Caridad de Madrid, amargado y en la mayor de las indigencias.

Sus hijas, que heredaron la inquebrantable terquedad del padre y la indomable voluntad de cobrar lo adeudado, siguieron durante años con los trámites judiciales iniciados por su progenitor, tratando por todos los medios a su alcance de cobrar el dinero que les debían. De fracaso en fracaso, no lograron obtener nada hasta que, por último, se les concedió una pensión de 175 pesos anuales mientras durara su soltería "en recompensa de los servicios y padecimientos de su difunto padre...". Los

---

[40] ¿Hay pocos vascos en esta historia? Añadamos entonces uno más: el Virrey Vértiz se llamaba en realidad Juan José Vertiz y Salcedo y era hijo de Juan José de Vértiz y Hontañón (1682), que era de Estella (Navarra) y que llegó a ser gobernador y capitán general de Nueva Vizcaya, en el norte de lo que ahora es México.

20.000 pesos nunca se pagaron ni se cobraron y todavía, que se sepa, la familia Segurola se los deben a la familia Gil.

Urrutia en la insurrección de Oruro

El 10 de febrero de 1781 Oruro se levantó contra los realistas. El levantamiento se inició con la entrada en la ciudad de miles de hombres y mujeres indígenas que, como ya hemos visto, se habían levantado en toda la región cansados y desesperados por tres siglos de opresión y de saqueo.

La rebelión buscaba justicia y libertad y durante un breve lapso, los pueblos indígenas se entendieron y fueron aliados de las y los criollos orureños. Fue apenas un espejismo, porque durante los siguientes dos siglos, lo criollo se convertiría -en Oruro y en el resto del país- en el mayor enemigo de lo indígena.

Una manifestación de esa alianza fue que parte de la población criolla orureña –entre ellos muchas mujeres- optó por vestirse con vestimentas indígenas como un símbolo de afecto y de hermandad. Esa es la versión más optimista, porque la versión menos risueña explica que los indígenas no distinguían entre españoles y criollos y estaban dispuestos a arrasar con todo sin miramientos, así que estos últimos decidieron utilizar ropa indígena para que quedara claro de qué lado estaban.

En medio de todo aquel lío, del lado de los realistas gobernaba un vasco, se llamaba Ramón de Urrutia y Las Casas y había nacido en Zalla (Bizkaia) en 1742. Hijo y hermano de militares realistas Ramón de Urrutia se pasó al Virreinato del Perú y obtuvo el puesto de Corregidor y Justicia Mayor de Oruro, en el distrito de la Audiencia de Charcas. Oruro era una población polvorienta y fría, atravesada de lado a lado por el helado viento del altiplano y que un siglo después prosperaría gracias a la explotación del estaño. Su hermano mayor José fue un destacado militar.

Pero volvamos al levantamiento de 1780. El corregidor Urrutia intentó defender la ciudad, pero tenía la certeza de que no podía contar con buena parte de la población local porque no apoyaban la causa real, así que no le quedaron demasiados efectivos. Aun así, armó a todos los que pudo, los apostó en la calle y ordenó que no dudaran en disparar. Pronto todo se volvió un caos. Los indígenas, por supuesto, atacaron, y los españoles, claro, dispararon, así que pronto hubo mucha muerte y mucho dolor por todas partes. También, hay que decirlo, hubo saqueos, incendios y desmanes en los que participó todo el que pudo.

Pese a las diferencias en el armamento -los hombres y mujeres indígenas solo tenían armas blancas y hondas-,[41] la rabia de muchos años de opresión dio lugar a encarnizados combates. Estaba claro que los peninsulares iban a perder y pronto los indígenas sublevados, provisionalmente mezclados con el criollaje citadino, proclamaron patria y libertad, dejaron claro que desconocían al Rey de España, destituyeron a todas las autoridades realistas y arrojaron al suelo el escudo español y lo pisotearon con saña,

Cuando las cosas se pusieron malas, Urrutia agarró su caballo, huyó a toda prisa de la ciudad y se refugió en Cochabamba. Quizá por esa notoria falta de arrojo es que su hermano tiene un retrato colgado en el Museo del Prado[42] y él no. Desde Cochabamba intentó organizar una expedición que retomase Oruro pero tampoco pudo lograrlo. Las cosas, al parecer, no le salían.

En abril de 1781 las tropas realistas pasaron a la ofensiva y llegó a Oruro la primera expedición encargado de poner "las cosas en orden". Estaba comandada, cómo no, por un vasco: Josef de Ayarza.

Para no variar en su forma de hacer las cosas, las autoridades coloniales quisieron acabar con aquella rebeldía de manera cruel y ejemplarizante, para que, de una vez por todas, a los hombres y mujeres indígenas, criollos y criollas les quedara claro -por si todavía no lo sabían- que les sucedía a los que desafiaban al rey de España. Los indígenas fueron ajusticiados sin

---

[41] La honda es un arma de origen paleolítico en el que dos cuerdas o correas sujetan un proyectil que puede ser arrojado a largas distancias aprovechando la energía cinética. La honda es de uso tradicional entre los pueblos andinos que también posee, en tiempos de paz, un uso tradicional para arriar ganado.

[42] Pintado, ni más ni menos, que por Francisco de Goya.

mayor dilación. Con los cabecillas criollos se tuvo mayor consideración pero tampoco demasiada. Un ejemplo es el del matrimonio María Quiroz y Clemente Menacho, acusados ambos de encabezar la rebelión. Él fue apresado, llevado a Potosí, interrogado, torturado y enviado a Buenos Aires donde fallecería tras vivir años en condiciones extremadamente duras. Ella también fue detenida y pasó largos años encarcelada en Chuquisaca y en Buenos Aires, engrilletada, vejada y torturada.

Muchos consideran al levantamiento de Oruro la primera chispa de la independencia americana contra el colonialismo español.

La pelea de Pedro Pablo de Urquijo y Muga con los caciques de Chiquitos

Pedro Pablo de Urquijo, Capitán de Fragata de la Real Armada Española, nació en Bilbao (Bizkaia) el 8 de octubre de 1766. En 1805 fue nombrado gobernador de Moxos y Chiquitos[43] en la amazonia boliviana. Cuando llegó a su gobernación se encontró con que, toda la región estaba revolucionada por el alzamiento del indígena canichana Juan Maraza en contra de las arbitrariedades del anterior gobernador español Miguel Zamora[44], en protesta por la ola de apresamientos

---

[43] Los términos "Chiquitos" o "Chiquitania" nombran una región de las tierras bajas en el Departamento de Santa Cruz. Hay varias versiones del origen del nombre. Una de ellas dice que el pueblo chiriguano, al referirse a las y los indígenas de la zona los llamaban "tapiomiri" que quería decir "esclavos de casas chicas" y que los jesuitas abreviaron el nombre y lo dejaron en "chiquitos". Otra supone que este surgió como resultado de un error: cuando los jesuitas instalaron sus misiones en esa región, por algún motivo los sacerdotes creyeron que en la región vivían indígenas de baja estatura, "chiquitos", cosa que luego se descubrió que no era cierta. En cualquier caso, con el paso del tiempo varios grupos indígenas que viven en la zona han aceptado, como denominación general, el de pueblo chiquitano.

[44] Una de las cosas que dispuso Zamora fue la prohibición a los indígenas de "vestirse como españoles", salvo como premio cuando mostraban buena conducta. Otra imposición arbitraria fue obligarles a salir a la selva a cazar tigres que el gobernador vendía a los portugueses en la vecina Brasil.

y asesinatos a indígenas y por la impunidad que gozaban los españoles a los que asesinar un indio no les valía ni una amonestación.

Dándose cuenta del poder de Maraza entre su gente, Urquijo entendió que era mejor tenerlo de su lado que en su contra, así que cambió la tradicional estrategia represiva y resolvió establecer alianzas que allanaran su gestión como gobernador. Así, en 1806 tramitó a favor de Maraza el título oficial de Cacique ante la Audiencia de Charcas. La Audiencia de Charcas guardó silencio. Urquijo volvió a insistir en 1808 y otra vez en 1810. Ninguna de las tres veces recibió ninguna respuesta, por lo que, cansado de esperar, él mismo decidió nombrar sin mayor trámite a Maraza como Cacique vitalicio, destrozando de paso las tradiciones políticas al interior de las comunidades indígenas y disgustando a los demás caciques de la región.

En noviembre de ese mismo año de 1810 se desató en la ciudad de la Santísima Trinidad una sublevación contra el bilbaíno, encabezada por los caciques de la región Gregorio González, José Bopi y, el líder de todos ellos, Pedro Ignacio Muiba. Los sublevados estaban decididos a todo. Muiba tomó la ciudad y exigió la presencia del gobernador para ahorcarle de manera inmediata y para ese propósito dispuso en la plaza de la ciudad -el propio Urquijo lo narró después- "dos palmas gruesas, una cuerda hecha firme de extremo a extremo de ellas, de bastante grosor y en su medio su motón o garrucha asegurada por un par de grillos y tocando una campanilla".

Aunque Muiba era un indígena de una pequeña ciudad de la selva y aún faltaba mucho para que llegase la globalización, ya se había enterado de lo que pasaba en el mundo y sabía que España había sido invadida por Napoleón, por lo que proclamó que "El rey de España ha muerto. Nosotros seremos libres por nuestro propio mandato. Las tierras son nuestras por mandato de nuestros antepasados, a quienes los españoles les quitaron".

Y dicho esto, las y los indígenas comenzaron, en plena plaza principal de Trinidad, a dar entusiastas vivas a Napoleón Bonaparte, el remoto emperador de Francia.

El gobernador Urquijo, que se había tenido que refugiar en la iglesia para evitar su ahorcamiento, demostró sin embargo bastante habilidad en la táctica de dividir al contrario y en lograr indisponer a los caciques entre ellos. Tenía el apoyo del pueblo canichana del cacique Juan Maraza, de los indígenas javieranos[45] del cacique Tomás Noe y de movimas y baures y gracias a este respaldo recuperó el gobierno a principios del 1811. No se sabe si para ahogar el levantamiento o si para vengar la afrenta de que ya estuviese dispuesto el patíbulo que pretendía ahorcarlo, lo cierto es que no tuvo misericordia y hombres, mujeres y menores de ambos sexos fueron asesinados como represalia. Un informe de la época estipula que hubo 65 muertos: "27 eran varones adultos, 5 mujeres y 33 párvulos de ambos sexos, desde de pechos hasta 10 años más o menos". Entre los fallecidos se encontraba el cacique Pedro Ignacio Muiba que fue capturado y ejecutado a fines de enero de 1811. Dos meses más tarde, hacia abril, una vez pacificada la región, Urquijo envió su renuncia a la Audiencia de Charcas. Años después, hacia 1822, otro gobernador, Francisco Javier de Velasco, asesinó al cacique Maraza de un tiro de pistola, dando lugar a nuevas y sangrientas rebeliones en la región de Moxos.

Manuel Ignacio Zudáñez, padre de revolucionarios

Manuel Ignacio Zudáñez nació presumiblemente en Bilbao hacia 1733.

Aunque alguna literatura histórica boliviana cuando se refiere a él lo llaman "General del Ejército español", en realidad no se sabe mucho de su trayectoria militar, salvo que hacia 1777 era Subdelegado de Revista de Santa Cruz de la Sierra y que también fue gobernador interino de Chiquitos. Zudáñez contrajo matrimonio con Manuela Ramírez de la Torre, tuvo tres descendientes y falleció en La Plata en 1803, lo que le impidió

---

[45] Que un grupo indígena se llamen "javieranos", nombre que todavía se utiliza, es por supuesto una castellanización que provenía del hecho de que estos indígenas eran de la zona de la misión jesuita de San Javier.

ser testigo de cómo sus hijos fueron protagonistas de la independencia boliviana.

El hijo mayor, Manuel, fue síndico del claustro de la Universidad Mayor Real y Pontificia San Francisco Xavier de Chuquisaca. En ese cargo jugó un papel fundamental en lo que se conoce como la "Revolución de Chuquisaca" de 1809, cuando la Real Audiencia de Charcas, con el apoyo del claustro universitario y los independentistas, destituyeron al gobernador y formaron una junta de gobierno. Muchos historiadores creen que este fue el primer acto independentista en la historia de América Latina. Se cuenta que los ánimos de la gente ya estaban soliviantados contra la autoridad española y que la ira creció sin fin cuando escucharon a Mariana, la hermana menor de la familia, correr desesperada por las calles de La Plata pidiendo a gritos ayuda para su hermano Jaime, detenido por las autoridades españolas. La angustiosa petición de auxilio fue el inicio del levantamiento popular

El abogado Jaime Zudáñez no solo no fue liberado sino que fue enviado al penal del Callao (Perú). Tras salir de la cárcel, en agosto de 1811 se fue a Chile, donde prosiguió su lucha y fue asesor de los generales Bernardo O'Higgins y Juan MacKenna, héroes de la independencia chilena. De Chile se marchó a la Argentina, donde fue diputado en el congreso de Tucumán y participó en la redacción de la Constitución de 1819. Acabó sus días en Uruguay, allí fue diputado del Congreso entre 1828 y1830, participando en la declaración de la independencia y en la elaboración de la Carta Magna de ese país. Es decir, Jaime de Zudáñez, hijo del bilbaíno Manuel Ignacio, fue protagonista principal de la independencia de cuatro países sudamericanos.

Juana, hija de Matías Azurduy. Ensayo sobre la ingratitud

De Matías Azurduy no se sabe mucho. Que era navarro, hombre de bienes y propiedades y dueño de una hacienda en Toroca, cerca de Chuquisaca. En una época donde las relaciones sociales eran muy estrictas, Matías Azurduy rompió con los prejuicios establecidos y se casó con Eulalia Bermúdez, una mestiza chuquisaqueña con la que tuvo dos hijas: Juana y Rosalía.

Matías Azurduy enviudó muy joven y tras perder a su esposa parece que se enfrascó en diversas aventuras amorosas, una de ellas le llevó a ser asesinado por un marido agraviado, se dice que un aristócrata español, cuando sus dos hijas eran aún muy pequeñas.

La primogénita, Juana, nació el 12 de julio de 1780 y pasaría a la historia universal como Juana Azurduy de Padilla, heroína de la patria boliviana y americana. Tras la rebelión de Chuquisaca de 1809, Juana Azurduy comenzó a luchar codo a codo junto a su esposo Manuel Ascencio Padilla, jefe de las guerrillas independentistas en la región de Chuquisaca. Mujer aguerrida, Azurduy combatió en las batallas de La Laguna Tarabuquillo, Sopachuy, Tomina, Presto, Mojotorillo, San Julián, Tarabuco, Poroma, Tocopaya, Pomabamba, Molleni y El Villar. En esta última batalla falleció su esposo, Ascencio Padilla, al tratar de rescatar a Juana que había sido herida.

A la muerte de su esposo, Juana Azurduy tomó su lugar, comandó las tropas independentistas y continuó peleando durante más de 15 años hasta la independencia en 1825. En la lucha por la emancipación perdió también a cinco de sus seis hijos. Se dice que Simón Bolívar dijo que "Este país no debería llamarse Bolivia en mi homenaje, sino Padilla o Azurduy, porque son ellos los que lo hicieron libre".

Sin embargo, la nación por cuya independencia tanto sacrificó, no fue igual de generosa con ella. Pasó varios años reclamando al nuevo gobierno boliviano que le devolvieran los bienes que le habían sido confiscados por las autoridades españolas. Nunca lo logró. Peor aún, se le suspendió la pensión vitalicia que el Libertador le había concedido por su destacada lucha en la independencia y murió en la indigencia en 1862 y su cuerpo fue enterrado en una fosa común. Cerca de un siglo después sus restos fueron exhumados y trasladados a un mausoleo en Sucre, aunque hay quien opina que los verdaderos restos nunca fueron encontrados. Juana Azurduy, que en vida llegó al grado de teniente coronel, fue ascendida en julio de 2009 a Generala del ejército argentino mediante un decreto firmado por la presidenta Cristina Kirchner. Ese mismo año, el Senado

Nacional en La Paz aprobó una Resolución ascendiendo de manera póstuma al grado de Mariscal de la República y declarándola "Libertadora de Bolivia".

Juana Azurduy perdió a sus hijos en la guerra por la independencia, pero también consiguió un hijo nuevo, el indígena Juan Hualparrimachi -o Wallparrimachi-, su lugarteniente en la batalla y su hijo fuera de ella. Olvidado durante mucho tiempo, Hualparrimachi es uno de los grandes poetas en lengua quechua.

En medio de la guerra y de la desolación, Hualparrimachi escribió versos como este:

¿Ima phuyun jaqay phuyu,
Yanayasqaj wasaykamun?
Mamaypaj waqayninchari
Paraman tukuspa jamun[46]

Manuel Sagárnaga y Arizága: la semilla de la revolución

Manuel Sagárnaga y Arizága nació en Durango (Bizkaia) el primero de enero de 1732. Hacia 1780 dejó para siempre el duranguesado y la sombra del Anboto y el Untzillaitz y viajó hacia La Paz, donde comenzó a trabajar como oficial tesorero de las Cajas Reales del Reino de España. Nada más llegar, al durangués le tocó vivir el cerco indígena dirigido por Tupac Katari durante 1781 y aunque no hay modo de saberlo a ciencia cierta, pero casi seguro que pasó hambre y pasó miedo como el resto de las y los habitantes paceños y quizás se preguntó muchas veces cómo había ido a parar a aquella tierra tan extraña y hostil. Sin embargo, Manuel Sagárnaga Arizága no solo no se marchó de La Paz, sino que se quedó en la ciudad para lo que le quedaba de vida y ahí se casó con María Carrasco Durán, una mestiza paceña. Tuvieron siete hijos, dos de ellos, Juan Bautista y María Manuela, lucharon contra el dominio español y por la independencia y tienen un merecido lugar en la historia del país.

---

[46] "¿Qué nube es aquella nube/ Que viene negreando?/Es el llanto de mi madre/que en lluvia se ha convertido".

Juan Bautista Sagárnaga, abogado de profesión, fue uno de los principales actores en el levantamiento que en 1809 organizó Pedro Domingo Murillo[47] contra el dominio español y que es considerado, junto a la revolución de Chuquisaca, uno de los primeros movimientos anticoloniales de América. El hijo del durangués fue nombrado Jefe de Infantería de los complotados y en su casa se realizaron muchas de las reuniones que terminaron en el levantamiento del 16 de julio de 1809. El levantamiento fue reprimido por las fuerzas realistas del vasco Goyeneche y los nueve cabecillas de la insurrección, incluyendo a Bautista Sagárnaga, fueron ejecutados el 29 de enero de 1810. Siete de los ejecutados fueron ahorcados, mientras que a Sagárnaga y a Buenaventura Bueno se les aplicaron, no se sabe por qué extraño privilegio, el garrote vil.

María Manuela Sagárnaga, aunque menos conocida que su hermano, tuvo un papel muy importante en la lucha por la independencia y participó de manera activa en ella desde su principio hasta que concluyó con el nacimiento de la república. Por la independencia, María Manuela sufrió el ajusticiamiento de su hermano, el exilio de su esposo y su largo destierro a Caupolicán, en la selva del norte de La Paz.

Ignacio Warnes. El linaje de los Zúñiga

Bonaerense de nacimiento, boliviano y cruceño por derecho propio y descendiente de vascos, Ignacio Warnes García de Zúñiga, nacido en 1770, combatió en todas las batallas de su tiempo: las invasiones inglesas al Virreinato del Río de la Plata, la independencia argentina y la campaña del Ejército del Norte.[48]

En 1813, siguiendo las órdenes de Belgrano, avanzó hasta Santa Cruz de la Sierra, la recuperó para las Provincias Unidas del Rio de la Plata y fue su gobernador. Aunque todavía faltaban

---

[47] Héroe de la independencia boliviana (1757-1810).

[48] Tras la independencia de las Provincias Unidas del Río de la Plata, el Alto Perú fue reintegrado al Virreinato del Perú, por lo que la nueva república organizó un ejército (el Ejército del Norte o Ejército Auxiliar del Perú) bajo las órdenes de Belgrano para lograr la independencia altoperuana.

años para la independencia definitiva, se le considera uno de los próceres de la independencia de Santa Cruz en particular y de Bolivia en general.

Tras la derrota del Ejército del Norte en Sipe Sipe (1815), Warnes quedó en una situación compleja desde el punto de vista militar para poder seguir defendiendo Santa Cruz del avance realista, pero aun así lo intentó y dejó su vida en el esfuerzo. Murió en combate en la batalla de El Pari (1816).

La madre de Ignacio Warnes fue Ana García de Zúñiga, patricia argentina e hija del militar sevillano Alonso Mateo García de Zúñiga, primer miembro de la rama americana del linaje de los Zúñiga, familia navarra descendiente directa de Sancho Íñiguez de Estunica,[49] alférez mayor de Alfonso I, rey de Aragón y Navarra.

Francisco Javier Juaristi Eguino, padre de Vicenta

Algunos historiadores suponen que Francisco Javier Juaristi Eguino y Urquiza provenía de la "antigua nobleza" guipuzcoana y también se cree que pasó por el ejército, porque se sabe que fue condecorado con la Cruz de María Isabel. Quizá también conocía de obras y construcciones, porque hacia 1795 el Obispo de la ciudad de La Paz, Alejandro José Ochoa, acudió a él y a otros peritos para evaluar la situación de la catedral de la ciudad. El veredicto de los peritos fue que la catedral estaba llena de rajaduras. Doscientos años después, cuando uno mira la catedral, daría la impresión de que, al menos por fuera, sigue estando igual.

En cualquier caso, Juaristi Eguino llegó a La Paz y en esta ciudad se casó con María Antonia Díaz de Medina, descendiente de una de las familias de comerciantes más ricas de la villa. En 1785, en el parto de su hija Vicenta, María Antonia falleció y Juaristi Eguino, triste y viudo, la siguió pocos años después, dejando a su hija Vicenta, que todavía era apenas una niña, dueña

---

[49] A la actual población navarra de Zúñiga/Zuñiga se le han adjudicado varios nombres a lo largo de su historia: Estunica, Eztuniga, Uztuniga, Beztunica, Beztvnicha, Buztunica, Estuniga o Eztuyniga.

de una considerable fortuna. Pedro Eguino, hermano natural de Vicenta y connotado independentista, asumió su crianza y le trasladó sus ideas anticoloniales y libertarias, que se reflejaron tanto en su apoyo irrestricto a la causa de la independencia como en el talante liberal de la vida personal, escandalosa para la época en la que le tocó vivir, como

Vicenta se casó a los 14 años con el capitán español Rodrigo Flores y enviudó antes de los 16. A los 19 se casó con otro español pero solo vivieron tres meses juntos y cuando pidió la separación alegó que no se llevaba bien con él porque era "un activo realista". Prefería estar divorciada que casada con un español. El divorcio eclesiástico no disolvía el vínculo marital y, por lo tanto nunca más pudo volver a casarse, aunque llegó a tener cuatro hijos de diferentes padres y una larga lista de amoríos.

Sin embargo, más que por la rebeldía de su vida amorosa, la historia boliviana la recuerda por su incansable apoyo a la causa de la emancipación. En su casa se reunieron las y los independentistas de 1809 a la cabeza de Domingo Murillo y Vicenta no solo llegó a invertir gran parte de su fortuna personal en el apoyo a la insurrección, sino que incluso montó una fábrica de armas en el sótano de su residencia.

Como resultado de su labor por la independencia, Vicenta Juaristi Eguino fue apresada en numerosas oportunidades por las autoridades españolas e incluso llegó a ser condenada a muerte, aunque siempre consiguió librarse de las sentencias utilizando su fortuna y pagando su libertad con grandes cantidades de dinero en efectivo. Vicenta Juaristi Eguino es considerada, junto a la también hija de vasco Juana Azurduy, la mujer más importante en la independencia de Bolivia.[50]

Los descendientes de la familia Eguino continuaron teniendo un papel importante en la vida boliviana después de Vicenta. Así, por ejemplo, Antonio Eguino (1938) es uno de los

---

[50] Por supuesto, hubo muchas otras mujeres muy importantes en la guerra de independencia, como Josefa Manzaneda, Ana Barba o Teresa Bustos, pero ninguna con la trascendencia de Azurduy o Juaristi Eguino.

directores de cine más importantes de la historia del país, miembro de Grupo Ukamau[51] y director de películas como "Pueblo chico" (1975), "Amargo mar" (1984) o "Los Andes no creen en Dios" (2007).

Úrsula Goyzueta, que se casó mal

En 1591 Don Martín de Goyzueta y Ledesma, un comerciante guipuzcoano pasó al Perú y se instaló en Arequipa, lugar desde el cual la familia Goyzueta creció y se expandió hacia el Alto Perú.

Una de sus descendientes, dos siglos después fue Úrsula Goyzueta, nacida en La Paz en 1787 dentro de una familia criolla con recursos económicos. De Úrsula se esperaba, como de todas las mujeres con cierto estatus, que se *casase bien*, es decir, con un criollo de su mismo nivel social -o más rico a poder ser- o, quién sabe, incluso con algún español poderoso o de la nobleza.

Pero Úrsula tenía sus propias ideas y escandalizó a toda la sociedad paceña cuando decidió casarse con Eugenio Choquecallata, un joven de origen indígena que además era patriota y guerrillero. Indígena -y por lo tanto pobre-, patriota -y no de la madre patria precisamente- y, para colmo de males, levantisco y guerrillero.

Úrsula, la hija de los Goyzueta, se había casado mal.

Tampoco debía ser muy buena eligiendo a sus amistades y de hecho era muy amiga de Vicenta Juaristi Eguino, reprobada por la buena sociedad de la época por libertina, díscola y antiespañola. De ambas, de Úrsula y de Vicenta, escribe Nicanor Aranzaes: "eran de espíritu varonil, alma grande y energía sobrenatural".

Cuando La Paz fue tomada el 22 de septiembre de 1814, Úrsula Goyzueta destacó en la defensa del barrio Santa Bárbara. Finalmente apresada, fue condenada por un Consejo de Guerra

---

[51] El Grupo Ukamau (llamado así por la película del mismo título) reunió a mediados de los años 60 a un número de jóvenes cineastas bolivianos que apostaron por hacer un cine político y socialmente comprometido, que, entre otras cosas, reflejara la situación social de los pueblos indígenas.

del delito de levantamiento contra las tropas realistas. Su condena fue a una multa y a la "pena de infamia": ser paseada desnuda y amarrada a un burro para su humillación pública.

Juan de Goyeneche y Aguerrevere

Si la historia de las fuerzas independentistas del Alto Perú están llenas de descendientes de emigrantes vascos, resulta que, enfrentados a ellos, también muchos militares realistas que pelearon contra la independencia de Bolivia fueron vascos o de origen vascos. Tal vez el más importante fue José Manuel Goyeneche.

Su padre, Juan de Goyeneche y Aguerrevere, nació en 1771 en Irurita, en pleno Valle del Baztán navarro, en el seno de una familia aristocrática que era dueña de casi la mitad del valle. Se dedicó a las armas y llegó a ser Capitán de Caballería y Sargento Mayor de Milicias Disciplinadas. Siguiendo las obligaciones de su cargo, Goyeneche fue destinado a Arequipa,[52] donde, entre otras cosas, participó en la represión del movimiento de Túpac Amaru del que ya hemos hablado.

Ciertamente su actividad no se limitó a la vida militar y pronto se destacó también haciendo negocios y comprando tierras y minas, por lo que no tardó en volverse uno de los hombres más ricos del sur del Virreinato del Perú, aunque sin duda, en todo este proceso de –mayor- enriquecimiento le ayudó su matrimonio, en 1772, con María Josefa de Barreda y Benavides, hija de uno de los mayores hacendados de Arequipa. Como sea, el matrimonio tuvo cuatro hijos: Pedro Mariano que llegó a Oidor de la Real Audiencia de Lima; José Manuel - nuestro protagonista-, Teniente General de los Reales Ejércitos y primer Conde de Guaqui y Grande de España; José Sebastián, Obispo de Arequipa, Arzobispo de Lima y Primado del Perú; y Juan Mariano, militar, financiero y comerciante.

Como se ve, ni un solo poeta entre los Goyeneche.

Nacido en 1776, a los ocho años José Manuel entró en el ejército realista siguiendo los pasos de su padre. Se marchó muy

---

[52] Ciudad del sur del Perú.

joven a España a continuar su carrera militar como cadete de las Milicias Disciplinadas, ascendió poco después a Teniente de Caballería y Capitán de Granaderos y llegó a participar en la defensa de Cádiz contra los ingleses. En 1808, tras la invasión napoleónica, la Junta de Sevilla lo nombró Representante Plenipotenciario del Gobierno legítimo de España en América, ascendiéndolo al rango de Brigadier del Ejército y le dio instrucciones de asegurar la proclamación del rey Fernando VII en el del Río de la Plata y en el Virreinato del Perú. Poco después fue nombrado Capitán General y Presidente de la Real Audiencia del Cuzco.

En 1809, en medio de los múltiples levantamientos que sacudieron el territorio de la actual Bolivia, se le encomendó a Goyeneche el mando de los Ejércitos Realistas peruanos en el Alto Perú. Hay que reconocer que, guste o no, Goyeneche fue un militar talentoso: terminó con la revolución en Chuquisaca de 1809, el mismo año aplastó, sin contemplaciones, el levantamiento en La Paz, venció en la batalla de Irupana, reconquistó toda Charcas, derrotó al matrimonio Padilla-Adurduy, enfrentó al Ejército del Norte y venció en la batalla de Guaqui contra Castelli[53], salió triunfante de la batalla de Pocona y aplastó el levantamiento cochabambino de mujeres de La Coronilla. A su paso dejó muerte y desolación y es cierto que atrasó la independencia, pero no la evitó, porque era irremediable que el pueblo lograse tarde o temprano su emancipación.

José Manuel Goyeneche murió en Madrid en octubre de 1846, rico y admirado. Algunos historiadores afirman que siempre fue, en realidad, un doble agente a las órdenes de Napoleón. Pero esa es otra historia.

---

[53] Antonio Castelli, revolucionario argentino y uno de los comandantes del Ejército del Norte o Ejército Auxiliar del Perú.

El legado de Juan José de las Muñecas

Dominando la localidad vizcaína de Sopuerta en Las Encartaciones[54] se encuentra el Alto de Ilso, conocido mayormente como el Puerto de las Muñecas por el barrio que se encuentra muy cerca de allí. Justo en esa zona nació, a mediados del s. XVI, Juan José de las Muñecas, que no está claro si en realidad se llamaba así o si más tarde, ya estando en el Virreinato del Río de la Plata, adoptó el nombre de su lugar de nacimiento.

Tampoco está claro a qué se dedicaba Juan José de las Muñecas, en algunos textos dicen de él que era comerciante y en otros se refieren a él como el "doctor", por lo que quizás estudió derecho, aunque también es cierto que el tratamiento de doctor solía ser habitual en relación a determinadas personas de buena posición social.[55] En cualquier caso, proveniente probablemente de una familia de origen noble, Muñecas se asentó en Tucumán, que en aquella época aún era parte del Virreinato del Río de la Plata y allí se casó con una criolla descendiente también de vascos: Elena María de Alurralde, que luego pasaría a la historia argentina como un personaje muy importante de la independencia de ese país. De las Muñecas no tuvo una vida muy larga y su esposa Elena María, que al enviudar era todavía una mujer joven, se volvió a casar, en segundas nupcias, con el también vizcaíno José Ignacio de Garmendia, que era coronel jefe del regimiento voluntarios de Tucumán, regidor y alférez real, es decir, en el lenguaje de la época, todo un realista. Sin embargo, se dice que persuadido por su esposa Elena María que siempre fue una entusiasta partidaria de la emancipación, Garmendia terminó uniéndose al movimiento de la independencia y fue, por esa causa, considerado traidor y fusilado en 1816.

Pero volviendo a Juan José de las Muñecas, que se sepa, le dio tiempo a tener tres hijos antes de su temprana muerte, dos

---

[54] Las Encartaciones es una comarca de Bizkaia que contiene a varias localidades y que limita con Cantabria, Burgos y Álava/Araba.
[55] En algunos países de América Latina, por ejemplo en Colombia, esa costumbre se mantiene hasta nuestros días.

hombres y una mujer. El más famoso fue Ildefonso Escolástico de las Muñecas y Alurralde, también conocido en la historia de Bolivia y de Perú como el "cura Muñecas", aunque la biografía de otro de los hijos, Juan Manuel, es interesante y también está relacionada con la historia boliviana.

Ildefonso de las Muñecas Alurralde nació en Tucumán en 1776 y en 1797 se ordenó en Córdoba como sacerdote católico. Ya como clérigo, Muñecas pasó unos años por Europa y también vivió en Lima, tal vez ampliando sus estudios escolásticos. Como sea, al empezar la segunda década del siglo XVIII, Muñecas consigue un puesto como cura del Sagrario, parroquia de la catedral de la ciudad peruana de Cuzco, lo que en aquella época era una más que buena posición para un sacerdote joven. Sin embargo las inquietudes de Muñecas no se reducían a las cuestiones teológicas y en su cabeza se agitaban las ideas de la independencia, quizás por influencia materna o tal vez impactado por la participación de su hermano Juan Manuel en los levantamientos antiespañoles de Sucre –por entonces aun La Plata- y La Paz de 1809. En cualquier caso, durante su estancia en Cuzco no tardó en relacionarse con los movimientos rebeldes del sur del Perú y no pasaría mucho tiempo para que su vocación independentista fuese más poderosa que su vocación monacal.

Así, en 1814 se unió a la rebelión del Cuzco organizada por el general indígena Mateo Pumacahua.[56] Entregado a la causa, dejó la comodidad de la parroquia y pasó a ser el segundo al mando de un grupo guerrillero formado por criollos e indígenas. Imparables, tomaron Puno, a orillas del lago Titicaca, pasaron al Alto Perú y se dirigieron a La Paz, que también tomaron en medio de disturbios espantosos y violentos. La ciudad fue recuperada por las fuerzas españolas muy poco después y la rebelión fue ahogada y la mayor parte de los rebeldes apresados y

---

[56] Mateo García Pumacahua Chihuantito (1740-1815) fue un militar y funcionario del Virreinato del Perú. Tras toda una vida de lealtad a la corona española, terminó por ser el principal líder de la insurrección de Cuzco. Fue apresado y decapitado por los españoles el 17 de marzo de 1815.

ajusticiados, pero el cura Muñecas, junto a doscientos guerrilleros, se hizo fuerte a las orillas del lago, instaló su cuartel general en Larecaja[57] y desde allí hostigó a las fuerzas realistas dejando a su paso libertad, pero también terror y destrucción. De hecho, escribe Glavé que "las acciones rebeldes en las que se vio envuelto Muñecas fueron las más masivas, rurales y violentas".

Aunque todavía faltaba una década para la independencia boliviana, el control que logró Muñecas de la región aledaña al Titicaca fue tal que la historia boliviana se refiere a ella como "la republiqueta de Larecaja".[58]

Pero al final también Larecaja cayó ante la ofensiva de las fuerzas realistas e Ildefonso de las Muñecas fue ejecutado el año de 1816. En su honor, una provincia del departamento de La Paz cercana al lago Titicaca lleva su nombre.

La información sobre el otro hermano, Juan Manuel de las Muñecas y Alurralde, es más escasa, aunque se sabe que residía en La Paz, quizás dedicado al comercio de telas y que participó de modo activo en el levantamiento contra los españoles de 1809. Tras ser derrotados, se unió a Juan Manuel Cáceres, uno de los líderes del levantamiento, y junto a él participó en la rebelión de los indígenas de Ayo Ayo, Calamarca y Sica Sica[59] que en 1811 cercaron a la ciudad de La Paz durante 45 días.

Bolibar el viejo, o el principio de las cosas

Simón Ochoa de la Rementería, más conocido como "Bolibar el Viejo", fue un rico vizcaíno natural de la Puebla de Bolibar[60], cerca de Markina,[61] lugar en el que nació el 5 de marzo

---

[57] Provincia al norte del Dpto. de La Paz.

[58] A inicios del siglo XIX fueron comunes los pequeños grupos de independentistas que actuaban de manera autónoma en el territorio del Alto Perú. Esos grupos armados, a los que algunos autores llaman "grupos guerrilleros" lograron "liberar" pequeños territorios del Alto Perú, esos territorios son conocidos como republiquetas.

[59] Los tres municipios pertenecen actualmente al dpto. de La Paz.

[60] El nombre oficial es Ziortza-Bolibar.

[61] El nombre oficial es Markina/Xemein y está en la provincia de Bizkaia.

de 1532. Simón Ochoa emigró a Santo Domingo en 1559 para ejercer el cargo de contador real y parece que fue allí donde decidió seguir la costumbre de modificar su nombre, así que prescindió del Ochoa[62] y adoptó el patronímico de su lugar de origen y pasó a firmar, simplemente, como Simón Bolibar. Es poco probable que cuando Simón el viejo tomó esta decisión pudiera siquiera imaginar lo que, muchas generaciones después, su nuevo nombre significaría para millones de personas en todo el continente.

El hijo de Bolibar "el viejo" se llamaba Simón Bolibar y Castro pero, como no podía ser de otra manera, es recordado como Simón Bolibar "el mozo". En 1589, el "mozo" fue nombrado Secretario de Residencia del Gobernador y Capitán General de la Provincia de Venezuela y se marchó a vivir a Caracas, lugar donde parece que el apellido se castellanizó y Simón Bolibar el mozo pasó a ser, ya definitivamente, Simón Bolívar. Cuatro generaciones después, el 24 de julio de 1783, nacería en Caracas otro Simón Bolívar: Simón José Antonio de la Santísima Trinidad Bolívar y Ponte Palacios y Blanco, larguísimo nombre para el más importante de los próceres de la independencia sudamericana.

Su historia militar es bien conocida y no viene al caso repetirla aquí, baste con recordar que es la figura central de la emancipación de lo que luego serían Venezuela, Ecuador, Colombia, Perú y, por supuesto, Bolivia y que todos estos países lo reconocen, invariablemente, como el padre de sus respectivas independencias. En realidad la entrada de las tropas del Mariscal Sucre a territorio del Alto Perú por orden de Bolívar fue solo el colofón de una larga lucha por la liberación, lucha que tuvo entre sus protagonistas a muchos hombres y mujeres que batallaron, y en muchos casos dieron sus vidas, por la independencia desde principio de siglo XIX, personas como Pedro Domingo Murillo, Gregorio Lanza, Bautista los hermanos Sagárnaga, Juana Azurduy, Manuel Padilla, Vicenta Eguino o los hermanos

---

[62] En euskera la palabra "otsoa" (del que proviene el apellido castellanizado Ochoa) significa "lobo".

Zudáñez. Eso no significa en ningún caso que se deba rebajar el papel de Bolívar, porque la independencia boliviana no hubiera sido posible, al menos no en ese momento, sin el contexto de la campaña bolivariana y sin las derrotas del ejército español en Venezuela, Colombia o Perú.

En cualquier caso, en 1825, tras firmar el Acta de Independencia, el Congreso de la nueva república aprobó una Ley de Premios y Honores a los Libertadores en la que reconocía el papel de los generales Simón Bolívar y Antonio José de Sucre y su protagonismo en la independencia del país. En homenaje al primero, el nuevo estado llevaría el nombre de "República de Bolívar", se le confirió el título de Libertador, padre de la patria y presidente vitalicio y se ordenó levantar estatuas ecuestres en todas las capitales de departamento y la colocación de sus retratos en tribunales, cabildos y casas de enseñanza. Parece que no se les ocurrió nada más. Quizá este es un buen momento para comparar el trato que recibió Bolívar con el que recibió Juana Azurduy.

En reconocimiento al mariscal Sucre, se la cambió el nombre a la ciudad de La Plata que en adelante pasaría a llamarse Sucre. Ese sigue siendo su nombre.

Es posible discutir si el cumplido de llamar República de Bolívar al nuevo país fue desmedido o no y de hecho el propio Libertador llegó a decir que ciudadanos como Padilla o Azurduy se merecían ese homenaje más que él, pero de todos modos igual lo aceptó.[63] Más tarde el nombre de la República de Bolívar fue cambiado por el de República de Bolivia y a partir del año 2009

---

[63] Algunos historiadores opinan que la intención de los congresistas bolivianos cuando decidieron nombrar República de Bolívar al país no fue solo homenajear al libertador, sino también lograr su adhesión al nuevo proyecto de nación. Es conocido que Bolívar era contrario a la fragmentación de los antiguos virreinatos en muchas pequeñas repúblicas y no veía con buenos ojos que se creara una nación en el antiguo territorio de Charcas, por lo que algunos historiadores suponen que los congresistas apelaron directamente a su vanidad ¿cómo negarse a la existencia de una república que llevaba su propio nombre? En realidad es poco probable que alguien como Bolívar se dejara engatusar por tan poco.

pasó a llamarse de modo oficial Estado Plurinacional de Bolivia, que es su nombre actual. En cualquier caso, considerando que el nombre del país sigue proviniendo de Bolibar, que en el idioma de las y los vascos significa "molino en la vega", resulta que Bolivia es, que se sepa, la única nación independiente del mundo cuyo nombre proviene de una palabra en euskera.

Manuela Sáenz Aizpuru

Manuela Sáenz Aizpuru, más conocida como Manuelita Sáenz es, por derecho propio, parte de la leyenda americana. Heroína de la independencia y coronela del ejército libertador, Sáenz abandonó a su marido, el médico ingles James Thorne, para ser amante de Bolívar y para acompañarlo en todas su campañas militares e incluso le salvó la vida cuando el libertador sufrió un atentado[64]. Manuela fue además precursora del feminismo latinoamericano y una mujer famosa por su delicada belleza y por su carácter provocador y liberal.

Nació en Quito el 19 de diciembre de 1797. Su padre, Simón Sáenz Vergara, era un hombre casado de origen español y su madre, María Joaquina de Aizpuru, una mujer mestiza y soltera que, según algunas versiones, falleció el día que nació su hija, por lo que la niña tuvo que pasar su primera infancia en la hacienda de la familia Aizpuru en Cataguango, al oriente de Quito, propiedad fundada por el bisabuelo de Manuela: Juan Ignacio de Aizpuru y Erazo, hijo del capitán vizcaíno Juan de Aizpuru.

Entre diciembre de 1825 y julio de 1826, Manuela Sáenz Aizpuru permaneció en la recién fundada República de Bolivia, primero acompañando a Bolívar y después, durante un tiempo más, ella sola. No se sabe muy bien qué hacía Sáenz en el país, aunque hay muchas leyendas sobre su actividad y sobre la influencia, innegable, que ejercía sobre el libertador. La mayor parte de las y los especialistas creen que en realidad no hizo nada en particular, tal vez aburrirse un poco.

---

[64] Por eso Manuela Sáenz es también conocida como la "libertadora del libertador", nombre que, se dice, le puso el propio Bolívar.

Manuela Sáenz murió en 1865, de difteria, en su exilio de Paita, al norte del Perú. Sus restos nunca pudieron ser encontrados ni enterrados con el honor que se merecían. Pablo Neruda le dedicó un poema: "la insepulta":

Y aquí vivió
Sobre estas mismas olas,
Pero no sé dónde fue,
No sé
Donde dejó al mar su último beso,
Ni dónde la alcanzó la última ola.

Pedro Antonio Olañeta y su sobrino Casimiro

La historia de la transición del Alto Perú a la República de Bolivia tiene dos grandes protagonistas con el mismo apellido: Pedro Antonio Olañeta y su sobrino Casimiro.

La llegada de los Olañeta a Sudamérica fue hacia 1787, cuando los hermanos Pedro Joaquín y Miguel Alejo Olañeta Anzoategui emigraron al actual territorio argentino desde la lejana Elgeta (Gipuzkoa). Pedro Joaquín, que era casado, llegó acompañado de su esposa Úrsula Marquiegui y de sus dos hijos: Pedro Francisco y Pedro Antonio; mientras que Miguel Alejo llegó soltero y estando ya en tierras americanas se casó con Martina Marquiegui, hermana de su cuñada Úrsula. Todo en familia.

Los hermanos se asentaron entre Potosí y Salta y alrededor de ambas ciudades establecieron todo un circuito de relaciones económicas y comerciales, en general legales, aunque aparentemente tampoco renunciaron a llevar adelante una antigua tradición económica vasca: el contrabando. De hecho, con el tiempo los enemigos de Pedro Antonio le llamaron "el contrabandista". En cualquier caso, los hermanos Olañeta junto con las hermanas Marquiegui prosperaron y se compraron tierras y haciendas y llegaron a amasar una importante fortuna.

Pedro Antonio, el hijo de Miguel Alejo y de Úrsula, nació por lo tanto en Elgeta, pero creció en tierras potosinas y con el tiempo llegó a ser el último jefe militar realista que sostuvo la guerra contra la independencia en la región. Aunque algunas crónicas lo describen como un fanático realista, la impresión que da es que, en realidad, no era partidario ni de la monarquía, ni de la independencia, ni de Francia, ni de Argentina, sino única y exclusivamente de sus propios intereses, los intereses de los Olañeta: No le simpatizaban los movimientos independentistas americanos porque presentía que ponían en riesgo su patrimonio y ese era el mismo motivo por el que no le agradaban las ideas liberales de la constitución de Cádiz y prefería la monarquía del antiguo régimen.

En cualquier caso, Pedro Antonio de Olañeta ingresó en el ejército realista y peleó primero contra los argentinos del Ejército del Norte y luego contra las tropas de Bolívar que venían desde Perú. Era temperamental y era inteligente y era valiente y por sus propios méritos fue nombrado primero capitán, después coronel y llegó a general de brigada, sin embargo, incontrolable como era, no tardó mucho en rebelarse también contra las propias autoridades españolas y desconoció al virrey José de Laserna y se autoproclamó como único y verdadero defensor de la corona en tierras americanas.

Tras la derrota realista en la batalla de Ayacucho (diciembre de 1824), que fue el principio del fin de la presencia española en Perú y el Alto Perú, Olañeta se autonombró Virrey del Perú y aunque el rey español no aceptó esa autoproclamación, lo nombró, en compensación, Virrey del Río de la Plata. El nombramiento -que no dejaba de ser irónico porque ese virreinato ya estaba perdida sin remedio- venía en camino cuando una bala terminó con la vida del general Olañeta. Su muerte tuvo, tal vez como su lucha por contener lo incontenible, algo de sinsentido: falleció el 2 de abril de 1825 en la batalla de Tumusla, Potosí, batalla que ni siquiera existió y que fue solo un breve intercambio de tiros que nadie recordaría si no fuera porque justo en la última acción de esa batalla, en la que se hizo un único y solitario disparo, este hirió de muerte al general Olañeta. Se dice que la bala mortal salió del fusil de uno de sus propios soldados.

Con su muerte se terminó en la práctica el poder de la corona española en tierras altoperuanas y apenas unos días después se firmó el Acta de la Independencia. Uno de los flamantes firmantes de esa acta fue, paradójicamente, un sobrino del general Olañeta, un joven abogado nacido en Chuquisaca en 1795 y de nombre Casimiro.[65]

En general el imaginario colectivo boliviano es muy duro al juzgar a Casimiro Olañeta, de hecho es incluso más severo con él que con su tío, el general realista. Tal vez se explique porque aquellos que suelen buscarse el modo de estar siempre del lado del poderoso, a la larga terminan por caer antipáticos.[66] De él se dice que fue el "Tayllerand[67] boliviano" o el "dos caras" y el historiador René Moreno escribió que solo su tendencia a conspirar superaba su elocuencia.

A Casimiro Olañeta no se le perdona que fuera realista y que ocupara altos cargos en la Audiencia de Charcas cuando España todavía gobernaba, que encabezara el movimiento autonomista cuando las cosas no estaban muy claras y que, una vez que era evidente la derrota de las fuerzas españolas encabezadas por su propio tío, se pusiera a la cabeza del bando

---

[65] En realidad Casimiro no era "exactamente" sobrino de Pedro Antonio Olañeta. Recordemos que cuando este llegó a Potosí de niño lo hizo acompañado de su familia y de su tío Miguel Alejo que se casó, ya en tierras americanas, con la hermana de su cuñada. Ese matrimonio tuvo un hijo, Miguel Olañeta Marquiegui, que era primo doble de Pedro Antonio pero que ya era criollo, es decir, nacido en América. Casimiro era el hijo de ese Miguel con otra criolla también de origen vasco: Rafaela de Güemes y Martierena. Por lo tanto, pertenecía a la segunda generación de su familia que nacía en tierras altoperuanas.

[66] No siempre pasa: otro descendiente de vascos, el peruano Hipólito Unanue tuvo una destacada función pública durante la colonia y también después durante la república y no despierta en Perú la antipatía que Olañeta despierta en su país. Todo lo contrario, Unanue es respetado e incluso admirado como un probo servidor al país.

[67] Sacerdote y político francés, logró mantenerse en altos cargos de la política de su país durante la monarquía absoluta de Luis XVI, también en la Revolución Francesa, luego en el periodo napoleónico y, de nuevo, durante la etapa de la restauración monárquica.

independentista. Sin embargo, para comprenderlo, tal vez hay que tratar de entender, sin prejuicios, las circunstancias de una sociedad que estaba viviendo la extinción del Alto Perú y el nacimiento de la República. Sin pretender justificar a Olañeta, se debe reconocer que el paso de la colonia a la república significó el inicio de una época compleja y contradictoria, donde no había más remedio que tratar de adaptarse, lo mejor posible, a las veloces transformaciones que se sucedían. Por lo tanto, su situación fue similar a la que debieron afrontar muchos otros ciudadanos que también habían participado activamente en la vida de la colonia y que de pronto tenían que acomodarse a la realidad republicana. La diferencia es que Olañeta tuvo más talento y más ambición -y tal vez menos reparos éticos- que el resto. También que llegó mucho más lejos.

En cualquier caso, guste o no, Casimiro Olañeta es fundamental para comprender los primeros días de la República del mismo modo que su tío lo fue para comprender los últimos días del Alto Perú. Con una carrera política apabullante, ya en la Bolivia independiente llegó a ser Presidente de la Asamblea, Presidente de la Corte Suprema, Prefecto de Potosí, varias veces Ministro y una de las personas más poderosos del país. Hasta sus mayores detractores aceptan que fue ilustrado, inteligente y culto y que contribuyó en mejorar y modernizar la legislación del país que estaba surgiendo. De hecho, el prestigioso historiador José Luis Roca escribió que los aportes de Olañeta fueron "la esencia jurídica y doctrinal sobre la que se creó la república y la base de su moderno derecho constitucional".

Sin embargo, para muchos bolivianos y bolivianas, Olañeta inauguró una perversa tradición de la política nacional que aún hoy en día subsiste: la del arribismo, el transfuguismo, el llunkerio[68] y la falta de principios y de moral en la política.

---

[68] El término llunkerío se utiliza de manera coloquial para referirse a la práctica de adular a alguien con el objetivo de obtener algún beneficio a cambio. La expresión proviene de la palabra quechua llunku que puede traducirse como "servil".

Manuel María Urcullu

Manuel María Urcullu nació en Chuquisaca en 1785 y era hijo de vizcaínos. Abogado por la Universidad de Chuquisaca y notable intelectual, aprendió de política durante los últimos días de la colonia, primero como fiscal y luego como asesor de Pedro Antonio de Olañeta, el general realista.

A Urcullu, igual que a Casimiro Olañeta, se le critica haber sido primero un entusiasta del realismo y luego un entusiasta del independentismo. El historiador norteamericano Arnade en su célebre "La Dramática insurgencia de Bolivia", escribió de él que "cooperó con los patriotas cuando estos se encontraban arriba y cuando el ejército realista recapturaba la capital, nuevamente se mostraba firme partidario de la corona". Sin embargo, en realidad parece que Urcullu fue sobre todo un producto de su época y de sus circunstancias y en ese contexto no fue exactamente ni pro español ni pro independentista y se limitó a apoyar a ambos bandos según se lo dictaban las complejas circunstancias y su propia supervivencia.

Esta facilidad, aceptemos que quizá moralmente poco apreciable, para acomodarse con éxito a las cambiantes condiciones imperantes le permitió reaparecer muy pronto tras la independencia como Diputado en la Asamblea General Deliberante de 1825. De hecho, tres de los ciudadanos que fueron elegidos por esta asamblea para conformar la comisión que debía redactar el Acta de Independencia de la República de Bolivia tenían apellidos vascos: Casimiro Olañeta, el presbítero José María Mendizabal, diputado por La Paz, y Manuel María Urcullu. Frente a Casimiro Olañeta, que ha pasado a la historia boliviana con ambiguos credenciales de genio y de maquinador, Mendizabal y Urcullu son menos conocidos y tienen un perfil más bajo. Pero más bajo no significa poco importante, y de hecho, Urcullu jugó un papel notable en los primeros años de la independencia, no solo como redactor del acta de independencia, sino también como miembro de la Comisión que escribió el primer Código Civil de la República y también como el primer Presidente de la Corte Suprema de Justicia.

También escribió un libro "*Apuntes para la historia de la revolución del Alto Perú*" que es todavía hoy un clásico de referencia para entender la revolución independentista en los andes bolivianos. Fue uno de los primeros en atreverse a cuestionar la verdadera importancia de los ejércitos de Bolívar en la independencia boliviana y en enfatizar el peso del levantamiento popular. Escribió: "Ni como jefe del Perú, ni como general de Colombia, tenía Bolívar derecho de disponer de un país, cuyos hijos habían conquistado la independencia sin auxilio de poder extraño".

El presbítero Mendizabal

Ya hemos dicho que tres de los redactores del acta de independencia eran descendientes directos de vascos. El primero era Casimiro Olañeta, el segundo Manuel María Urcullu y el tercero el presbítero José María Mendizabal.

Mendizabal nació en 1778 en Jujuy, ciudad del norte argentino, muy cerca de la frontera boliviana y fue uno de los muchos descendientes del matrimonio de Juan Ignacio de Mendizabal y Oldadiaga con Magdalena López de Velasco.

Casi toda la vida adulta la hizo en el Alto Perú/Bolivia y de hecho se doctoró en derecho canónico en la Universidad de Chuquisaca. En 1825, cuando el Mariscal Sucre convocó la Asamblea General Deliberante de diputados que daría paso a la independencia, Mendizabal participó como diputado por La Paz y con posterioridad fue elegido Vicepresidente. Fue, como ya hemos visto, miembro de la comisión que redactó el acta de independencia y, además, fue designado Ministro Plenipotenciario en el Perú para negociar en ese país el reconocimiento de la independencia boliviana.

Como representante boliviano en Lima, Mendizabal fue designado por Sucre delegado boliviano al famoso -y fracasado- Congreso Anfictiónico de Panamá, convocado por Simón Bolívar y donde debía tejerse la unidad de los estados americanos, pero la situación política de la recién independizada Bolivia era ya sumamente compleja -hay cosas que nunca cambian-, lo que al final impidió la participación de Mendizabal en el congreso. No deja de ser curioso que en muchos textos históricos sobre el Congreso de Panamá se consigne, sencillamente, que los delegados bolivianos "llegaron tarde", como si de alguna manera se pretendiera, involuntariamente, confirmar que con el nacimiento de la república había nacido también la "hora boliviana". [69]

Mendizabal continuaría en Bolivia el resto de su vida y haría, de manera más o menos paralela, carrera política y religiosa: fue consejero de Estado, en 1828 fue nombrado obispo de La Paz y hacia 1835 Arzobispo de La Plata. En este cargo fue uno de los principales apoyos del mariscal Andrés de Santa Cruz y en enlace para que este tuviera el apoyo de la iglesia católica boliviana.

Falleció en 1846.

Antonio José Ramón Irisarri, el incansable

Juan Bautista de Irisarri y Larrain nunca estuvo, que se sepa, en Bolivia. Ni siquiera anduvo cerca. Nacido en 1740 en Aranaz, pueblo navarro que actualmente se conoce como Arantza, Irisarri y Larrain se marchó a Guatemala donde prosperó como comerciante y banquero, creando una de las fortunas más grandes de su época.

Juan Bautista tuvo un hijo que se llamó Antonio José Ramón Irisarri y Alonso, que fue el vasco más inquieto con el que uno se puede topar. Estuvo en tantos sitios e hizo tantas cosas que podría pensarse que le bastó una vida para lograr lo que al resto nos llevaría muchísimas existencias.

Antonio José Ramón Irisarri y Alonso nació en Guatemala en febrero de 1786, a los 20 años asumió los negocios familiares, a los 23 se marchó de viaje a Chile a visitar a su familia y allí se casó con su prima Mercedes Trucios y Larrain. Durante su estancia en Chile le sorprendió la guerra por la independencia de

---

[69] Las/os bolivianos/as, no sin buen humor y algo de autocrítica, denominan "hora boliviana" a su costumbre de llegar tarde. Entonces se supone que los acontecimientos (reuniones, citas, etc.) poseen un horario estándar y otro boliviano, que es una hora más tarde.

ese país, en la que no tardó en involucrarse, pero no de cualquier manera ni con un perfil bajo, sino que, de hecho, llegó a ser, aunque brevemente y de manera interina, el primer Director Supremo de la Nación, que era el mayor cargo posible en el Chile del periodo de la independencia y venía a ser, más o menos, como Presidente del país.

Es decir, que fue de visita y acabó casado con su prima y Presidente del gobierno. De verdad que eso no está al alcance de cualquiera.

Además, Antonio José Ramón Irisarri fue Ministro de Interior durante el gobierno de Bernardo O´Higgins y embajador de Chile en diversos países del mundo ¿Suficiente? Para nada. Como si el tiempo le alcanzase para todo, tuvo también una destacada participación en la política de Guatemala, su país, donde participó en la fundación del partido conservador, fue embajador y ministro de la Guerra. Además participó activamente en la independencia de Ecuador, Colombia y Nicaragua. Es decir, un personaje imparable.

¿Ahora sí es ya suficiente? Pues resulta que tampoco, porque Irisarri fue también un notable escritor y de hecho algunos autores le consideran como el padre de la literatura guatemalteca, con obras como "El cristiano errante" o "La historia del perínclito Epaminondas del Cauca". Menéndez Pelayo escribió de él que era "Uno de los hombres de más entendimiento, de más vasta cultura y de más fuego en la polémica que América ha producido".

Su relación con Bolivia fue relativamente extensa. Primero, desde el bando chileno, Irisarri participó en la guerra entre Chile y la Confederación del Alto y el Bajo Perú[70] y fue uno de los firmantes del Tratado de Paucarpata[71] que establecía la derrota de Chile y la salida de su ejército del territorio peruano. Este tratado no fue aceptado por Santiago y significó el fin de la

---

[70] En 1836, Bolivia y Perú se unieron bajo el mandato del Mariscal boliviano Andrés de Santa Cruz y Calahumara. El experimento fracasó y la Confederación Perú-Boliviana solo duró hasta 1839.
[71] Arequipa, Perú.

carrera política de Irisarri en Chile, país en el que fue juzgado y condenado por alta traición y del que tuvo que exiliarse primero en Colombia y luego en Estados Unidos, país donde fallecería en 1868.

Además, Irisarri Larrain fue fundador, en 1825, de la "Potosi, La Paz and Peruvian Mining Company". Esta empresa valoró el Cerro Rico de Potosí en dos millones y medio de pesos -medio millón de libras esterlinas- y anunció que tenía un capital inicial de un millón de libras esterlinas listo para ser invertido. En julio de 1826 llevó desde Londres hasta el puerto de Arica el barco Potosí, cargando obreros europeos, provisiones, maquinarias e insumos para comenzar a explotar las minas potosinas. Para esa época, el Cerro Rico ya llevaba casi 300 años siendo explotado, lo que muestra un poco más lo extraordinario que es como yacimiento.

Cuando todo parecía que estaba listo, llegaron desde Londres noticias de que la empresa estaba en bancarrota, así que toda la carga que había traído la nave Potosí fue embargada y los obreros abandonados a su suerte. Luego se descubrió que la bancarrota había sido el resultado de la grave crisis del mercado financiero londinense, pero también de que la empresa había gastado fortunas de dinero en inversiones extravagantes y en comprar maquinaria que ni siquiera era apta para ser usada en las altas minas bolivianas. Han pasado casi doscientos años pero igualmente todo esto podría haber sucedido ayer.

Los Atxa

Agapito Ventura Francisco de Achá Landaluze nació hacia 1780 en Bilbao (Bizkaia) y llegó al Alto Perú como capitán de la Primera Compañía del Regimiento Distinguido de la Concordia. Se asentó en la zona de Cochabamba y allí prosperó mucho y su familia y sus descendientes se extendieron por el país.

El hijo del capitán Agapito Achá fue, ni más ni menos, que el Presidente José María de Achá Valiente (1810), que llegó al gobierno en 1861 tras darle un golpe de Estado a otro presidente de origen vasco: José María Linares y Lizarazu, del que hablaremos más adelante. Las noticias que llegan de su gobierno son a veces contradictorias. Sus detractores hablan de traición, de violencia, de muerte y de crueldad. Sus defensores recuerdan que estableció la Ley de Imprenta, introdujo los sellos postales en el servicio de correos y reconoció la propiedad de la tierra para los indígenas. Otros descendientes de este primer Achá son el político y poeta José Aguirre de Achá -nieto del presidente Achá Valiente-, el escritor y diplomático Joaquín Aguirre Lavayén (1921), autor de "Guano maldito" o, más recientemente, el historiador Iván Gutiérrez Achá.

Acha o Achá, es la castellanización de un apellido bastante común en el País Vasco: Atxa, que, según Euskaltzaindia,[72] es una palabra propia del euskera occidental y roncalés y variante de *haitz,* es decir: "peña".

El catecismo aymara de Sotera Novia Salcedo

A mediados del siglo XIX, Sotera Caya Dominga Ramona Novia de Salcedo (Bilbao, 1818), hija del historiador, político y alcalde de Bilbao Pedro Manuel Antonio Novia de Salcedo y Castaños, se casó con Sebastián Romecín Ruiz, un criollo descendiente de españoles, probablemente de cántabros. Tal vez este matrimonio explica que Sotera Novia de Salcedo emprendiese un largo viaje que le llevase, entre otros lugares, a Bolivia, donde al parecer vivió entre 1850 y 1855 y donde conoció a buena parte de la alta sociedad local, entre otros a una mujer de la que hablaremos enseguida: la, en aquel momento muy joven, Modesta Sanjinés Uriarte, una de las mayores figuras de la música culta boliviana.

Durante su estancia en Bolivia escribió un diario que narraba sus impresiones del país y de sus gentes. A su regreso a Bilbao se trajo algunas cosas, entre otras un catecismo cristiano realizado mediante pictogramas por el indígena aymara del Titicaca, Juan de Dios Apasa -o Apaza- quien lo creó para ayudar en la explicación de la doctrina cristiana y que se conoce, entre los especialistas y los bibliófilos, como "Catecismo Novia".

---

[72] Real Academia de la Lengua Vasca.

Los Gorriti: la acción y la palabra

Ignacio Gorriti, natural de Azkoitia (Gipuzkoa), llegó al Río de la Plata a mediados del siglo XVIII. Pasó un tiempo en la ciudad de Montevideo, en la orilla oriental del gran río y luego subió hacia el norte del virreinato, hasta Salta, donde se asentó y formó su familia. Toda la descendencia de Ignacio Gorriti estuvo vinculada con la independencia de Argentina y de América.

El mayor, Juan Ignacio, conocido como el Canónigo Gorriti, fue abogado, diputado en el Congreso General Constituyente de 1824 y luego gobernador de la provincia de Salta. El segundo, José Ignacio formó parte del Ejército del Norte, combatió en las batallas de Tucumán y Salta, fue diputado en el Congreso de Tucumán de 1816 y gobernador de la provincia, además de ser uno de los firmantes del acta que declaraba la independencia argentina. Fervientemente unitario[73], José Ignacio Gorriti apoyó al General José María Paz en su lucha contra la tiranía de Rosas y cuando los unionistas fueron derrotados, no tuvo más remedio que emigrar a Bolivia, donde vivió primero en Tarija y luego en Chuquisaca, lugar en el que murió en 1835.

El tercer hijo fue el teniente coronel José Benjamín y, finalmente, el menor fue José Francisco, conocido como "Pachi" Gorriti,[74] soldado de la independencia argentina, comandante en el ejército de Güemes, y el único hermano que se inclinó por el federalismo.

Pero volvamos al hijo del medio, a José Ignacio Gorriti, al que habíamos dejado exiliado en Tarija. Antes de eso, José Ignacio se había casado con otra nieta de vascos, Feliciana Zuviría, y entre ambos tuvieron una notable cantidad de hijos e hijas que los acompañaron en su exilio boliviano, la séptima de sus descendientes, una niña, fue bautizada como Juana Manuela

---

[73] Tras la independencia, Argentina se enfrascó en una guerra civil entre los unitarios que, simplificando muchísimo la cuestión, querían para Argentina un modelo unitario similar al francés, y los federalistas del dictador Rosas. Ganaron los federalistas.

[74] Pachi (o Patxi) es el apelativo que en euskera se da a los Franciscos.

Gorriti Zuviría. Había nacido en 1818 y solo tenía 15 años cuando llegó al exilio. Dueña de un espíritu independiente, siendo todavía muy joven se casó con Manuel Isidoro Belzu, un militar boliviano -también de origen vasco- que se destacó durante la Guerra de la Independencia y que llegó a ser presidente del país.

Juana Manuela fue víctima de un matrimonio infeliz y de Belzu, su marido, escribió que le "había enlutado su destino entero". No es sorprendente, porque Isidoro Belzu era una fuerza imparable de la naturaleza y toda su vida estuvo marcada por el afán de poder y por su tendencia ingobernable a participar de conspiraciones, levantamientos, golpes de estado y revoluciones. Exiliados en Lima, donde Belzu abandonaría definitivamente a su esposa para volver a la política boliviana, Juana Manuela Gorriti comenzó a escribir cuentos, poemas y novelas que se publicaron en toda América Latina y en varios países de Europa y que la convirtieron tal vez en la principal escritora argentina del siglo XIX y una de las más importantes novelistas latinoamericanas de todos los tiempos.

Juana Gorriti regresó a Bolivia en 1865 solo para presidir el duelo frente al cadáver acribillado a balazos de su esposo y, tras enterrarlo, regresó a Argentina. Hasta su muerte en 1896, se pasó el resto de su vida entre Lima y Buenos Aires, dedicada fundamentalmente a escribir.

Los dos Ondarza

Ya hemos visto, casi al inicio de este volumen, que el apellido Ondarza en Bolivia viene de lejos y que en el Potosí del s. XVIII, una dama de nombre Micaela de Ondarza y Galarza, descendiente de una antigua familia vasca, fue hacia 1736 la feliz progenitora de una cocinera prodigiosa: doña Maria Josepha Escurrechea y Ondusgoytia, Condesa de Otavi y Marquesa de Cayara.

Ondarza es, sin duda, la castellanización de hondartza que podría traducirse -las traducciones siempre son arriesgadas- como arenal o playa. A principios del siglo XIX nacieron en Bolivia dos descendientes de Ondarza a los que les queremos hacer un breve recuerdo.

El primero fue Juan Ondarza Lara, nacido en Sucre en 1827. Militar, fue condecorado por su valentía en la Batalla de Ingavi (1841), batalla entre bolivianos y peruanos al fragor de los conflictos posteriores a la independencia. Posteriormente, siempre en el ejército, Juan Ondarza estudió topografía y en 1845 el gobierno lo designó para actualizar, ni más ni menos, que el mapa de la nación. No lo hizo él solo, pero tampoco fueron demasiados, apenas tres: Ondarza, el comandante Juan Mariano Mujía y el mayor Lucio Camacho. El trabajo le llevó 18 años. Si ahora, 150 años después todavía es laborioso y complicado recorrer algunas zonas del país, es difícil imaginar cómo sería en 1845. De hecho, de los 18 años de trabajo, once se los pasó viajando, recorriendo el país –que en aquel momento era más extenso que ahora– de cabo a rabo.

El trabajo era monumental e improbable por donde se viera: montañas altísimas, punas heladas, selvas impracticables, ríos en algunos casos ni siquiera explorados del todo, animales salvajes, indígenas poco amigables y vecinos aún menos amistosos. De hecho, cuando estaba cartografiando la frontera argentino-boliviana, el general Rosas, del que ya hemos hablado antes, ordenó su encarcelamiento y lo condenó a muerte y fue salvado *in extremis* de ser fusilado.

Tras terminar su gigantesca obra, Ondarza recibió el reconocimiento que sin duda merecía: fue nombrado miembro de la Academia de Ciencias de Filadelfia, Boston y Nueva York; miembro de la Real Sociedad Geográfica de Londres; en Francia fue miembro de la Academia Geográfica de París y de la Sociedad Imperial Zoológica de Aclimatación.

Pero el que suponga que el militar Ondarza pudo pasarse su vida recorriendo el país y dibujando mapas, se equivoca: era militar y era boliviano, así que los conflictos no debían faltarle: ganó junto a Belzu la batalla de Yamparaez (1848) y perdió junto a Linares y contra Mariano Melgarejo la batalla de Letanías

(1866);[75] durante el gobierno de Frías, fue nombrado comandante del escuadrón de ametralladoras y durante el de Adolfo Ballivián fue destinado al Estado Mayor. Falleció en La Paz, el 7 de enero de 1875.

Antes de eso, hacia 1850 conoció, tal vez en La Paz, a una mujer bilbaína que se había casado con un boliviano y que estaba pasando una temporada en el país de su esposo. La mujer se llamaba Sotera Novia Salcedo. Como recuerdo de su amistad, Juan de Ondarza le regaló un mapa manuscrito del lago Titicaca - que también había cartografiado-, firmado de su puño y letra.

Al lado de esta vida, la del otro Ondarza puede parecer que será insípida y aburrida. Todo lo contrario porque es, también, sorprendentemente agitada. Se trata de Abdón Senen Ondarza, nacido en Sucre en 1835, abogado, periodista, político pedagogo y empresario. Algunas fuentes dicen que también fue poeta y otras, que después de graduarse fue profesor de filosofía e historia.

Al parecer, Ondarza logró que el Estado boliviano le diese, tal vez en premio por servicios prestados, una concesión de tierras salitreras -quince leguas cuadradas en las márgenes de los ríos Loa y San Salvador- en el Litoral, que por aquella época no era un departamento sino una provincia del departamento de Potosí. Allí se mudó y en el Litoral fue presidente de la municipalidad de Antofagasta, fiscal de partido de Cobija y de distrito de Litoral, diputado por el departamento, fundador de una ciudad, de varios periódicos y de un banco.

En 1868 un terremoto y un tsunami -tan habituales en esa parte del mundo- destruyeron el puerto de Cobija y Abdón Ondarza le propuso al Gobierno que se fundase en la antigua caleta de la Chimba una nueva ciudad. Así se hizo y con Orden Suprema de 27 de agosto de 1868, el presidente boliviano Mariano Melgarejo creó la ciudad de Antofagasta, actualmente conocida como "la perla del norte" y la quinta ciudad más grande de Chile, de la que Ondarza es considerado fundador.

---

[75] Yamparaez es una provincia de Chuquisaca, mientras que Letanías es un cerro cercano a Viacha en La Paz.

En 1871 también fue uno de los fundadores del Banco Nacional de Bolivia, creada por decreto del Gobierno y que, en efecto, tuvo su primera sede en la ciudad portuaria de Cobija. En 1880 asistió a la Convención de ese año como diputado por el departamento de Litoral y por lo tanto fue el último diputado del litoral boliviano, aunque en realidad ya los chilenos lo habían invadido y en los hechos -la guerra no había concluido- había dejado de ser parte del territorio boliviano.

Es curioso, porque una de las razones -o excusas- que esgrimió Chile fue el incremento de los impuestos por parte del gobierno altiplánico, lo que, a su juicio, violaba el Tratado de límites de 6 de agosto de 1874, que estipulaba no aumentar los impuestos a las empresas o ciudadanos chilenos que trabajan entre los paralelos 23 y 24. Pero tras el terremoto de 1877, Antofagasta necesitaba financiamiento, así que dos diputados del departamento, Francisco Buitrago y nuestro Abdón S. Ondarza, promovieron un impuesto a la "Compañía de Salitres y Ferrocarril de Antofagasta" de diez centavos por cada quintal se salitre que exportase. El impuesto fue promulgado por el Poder Legislativo boliviano mediante ley el 14 de febrero de 1878. El resto es historia.

Pero Abdón Ondarza no se marchó después de la guerra. Le confiscaron la concesión salitrera, por lo que le inició un proceso jurídico al Estado chileno. Para llevarlo mejor, estudió el derecho de eses país y se graduó, ya con una edad avanzada, como abogado chileno. Fue, se dice, asesinado en 1897.

Modesta Sanginés Uriarte, la gran figura de la música boliviana

Hemos contado ya cómo Manuel Sagárnaga y Erizaga dejó Durango hacia 1780 para instalarse en La Paz donde tuvo siete hijos e hijas. Uno de ellos, Juan Bautista, fue ajusticiado después del levantamiento de 1809 en La Paz. Su hermana María Manuela fue también una destacada luchadora por la independencia y sufrió destierro y penalidades.

María Manuela Sagárnaga, contrajo matrimonio con otro descendiente de vascos: Francisco Ignacio de Uriarte Uribaren, unión de la cual nació una nueva Manuela: Manuela de Uriarte y

Sagarnaga, que a su vez fue madre de Modesta Sanjinés Uriarte y Sagarnaga (La Paz, 1832) la gran figura de la música boliviana.

Fundadora en 1863 de la Sociedad Filarmónica de La Paz, aunque muchas de sus composiciones se perdieron, existe el registro de más de cincuenta composiciones. Sanjinés compuso música culta, sobre todo piezas religiosas, pero también amaba la música popular y de su gran talento surgieron mazurcas, galopas o valses. Algunas de sus obras más conocidas son La brisa de Uchumachi, la Plegaria a Jesús Crucificado o Zapateo indio.

Pero no solo fue una extraordinaria compositora y pianista, su talento y su creatividad le llevaron a ser también escritora, poetisa, periodista, directora de periódico, profesora y traductora de inglés, francés e italiano. Entre sus obras literarias destacan Las dos caras y El Hijo del Cóndor (1876).

Mujer recordada y admirada –aunque tal vez su música no se escuche lo suficiente- en La Paz una calle, la Casa de la Cultura y un teatro llevan su nombre.

Melchor Telesforo Azcunaga el Tenor de la Recoleta

Cuando el cura Melchor Telesforo Azcunaga nacido en Villa Real de Álava[76] en enero de 1843, cantaba, el templo se llenaba de reverberaciones, las vidrieras vibraban y los muros parecía que iban a desplomarse. Solo un sordo podía quedarse impasible ante aquel cura que predicaba la palabra de Dios con un verbo incendiario pero que se transformaba cuando se iniciaban las primeras notas de música sacra.

En su tiempo, Azcunaga fue conocido como "el gran tenor de la Recoleta", que es el nombre de la iglesia que los franciscanos edificaron en Sucre y que también se conoce como Iglesia y Convento de Santa Ana de Monte Sion.

Martín de Lizarazu de Arizcun Beaumont

Descendiente directo de Luis I de Evreux, Infante de Navarra y Primer Conde de Beaumont-le-Roger, Martín de

---

[76] Actualmente Legutio.

Lizarazu nació en Pamplona[77] (Navarra) en agosto de 1628. Arrastrando generaciones de títulos nobiliarios, Lizarazu fue, entre muchas otras cosas más, Caballero de Calatrava, Mariscal de Campo del Tercio de la Armada Real y Tesorero de la Real Casa de la Moneda de Potosí. Su nieto, Carlos de Lizarazu Beaumont, nacido ya en América en un pueblo cerca de Cuzco, acumuló ya tantos títulos que haría falta un libro entero para nombrarlos todos, pero el que más nos importa es que fue nombrado, por Fernando IV, como Primer Conde de Casa Real de Moneda. Su hija menor, Josefa Romualda de Lizarazu-Arizcun, nacida y muerta en La Villa de la Plata, es decir, en la actual ciudad de Sucre, fue, a su vez, la madre de José María Linares y Lizarazu Beaumont Navarra, recordado por sus compatriotas por el más austero nombre de José María Linares. Nacido en Ticala, Potosí en 1808, José María Linares fue un notable abogado, un intelectual reconocido, un importante diputado por su departamento, Prefecto de Potosí y, todo hay que decirlo, el funesto dictador entre 1857 y 1861.

No deja de ser una paradoja que Linares se autoproclamara formalmente dictador, sobre todo considerando que fue el primer presidente en la historia del país que no era un militar. Quizás sea una metáfora sobre la política boliviana que tras años de gobiernos castrenses llegue un civil al poder y no tarde en declararse, también, dictador. De su presidencia se recuerda su rectitud casi enfermiza, su austeridad en el manejo del dinero público y, sobre todo, su crueldad contra la oposición en un periodo de gobierno caracterizado por fusilamientos sin número y la multiplicación de hombres y mujeres perseguidos, detenidos y desterrados. Depuesto por sus propios colaboradores y exiliado en Chile, falleció a los 53 años en la ciudad de Valparaíso, seis meses después de ser derrocado, se dice que en la total indigencia. A veces no es suficiente con no robar para ser un buen presidente, aunque eso siempre ayuda.

---

[77] Iruña/Pamplona.

Los cuatro Ballivián

Jorge Blas de Ballivián nació en Santurce[78] y fue bautizado en la parroquia de San Jorge en febrero de 1774. Hijo de hidalgo, de joven pasó a las Indias y se asentó en la ciudad de Nuestra Señora de la Paz, donde, hacia 1800, se casó con Isidora Josefa de Segurola, hija de un vasco al que ya nos hemos referido en estas páginas: el guipuzcoano Sebastián de Segurola y Oliden, el célebre jefe militar durante el cerco de Tupac Katari.

La descendencia de Jorge Blas e Isidora Josefa incluye tres presidentes bolivianos, los tres militares: su hijo José Ballivián, presidente constitucional desde 1841 hasta 1847; su nieto Adolfo Ballivián, presidente constitucional desde 1873 hasta 1874; y su bisnieto Hugo Ballivián, presidente de facto entre 1951 y 1952. Este Hugo Ballivián fue el último militar en tratar de defender el antiguo régimen y en intentar detener la oleada libertaria que significó la revolución nacional de 1952, una de las tres grandes revoluciones americanas junto a la mexicana y la cubana.

José S. de Oteiza, autor de Claudina, la primera novela boliviana

En 1855, José Simeón de Oteiza publicó la novela Claudina, considerada una de las primeras novelas bolivianas. Durante mucho tiempo la novela estuvo extraviada, entreverada entre los muchos tomos de la biblioteca del Banco Central, así que todos se olvidaron a su autor y a su obra y Claudina desapareció de los estudios históricos, de las recopilaciones y de las citas a pie de página. La novela fue encontrada por casualidad en una caja en 1997, pero no volvió a ser reditada hasta el año 2012.

Claudina trata sobre una niña de quince años que se suicida por amor y de su autor, Juan S. de Oteiza no se sabe mucho, tampoco si escribió más novelas o no, aunque se conservan otros textos menores suyos, entre otros, unos versos en contra del dictador de origen vasco José María Linares que se cree fueron publicados en Lima hacia 1858. Por supuesto,

---

[78] Su nombre oficial es Santurtzi y está en la provincia de Bizkaia.

tampoco se sabe si el apellido "De Oteiza" proviene de la adopción, por él mismo o por alguno de sus antepasados, del toponímico Oteiza por su relación con la villa navarra, aunque no es improbable.

Atanasio de Urioste y los Príncipes de La Glorieta

Atanasio de Urioste, natural de la población vizcaína de Santurce llegó a Bolivia desde Argentina a principios del siglo XIX con la intención de establecerse en Potosí, pero terminó en Sucre, donde fijó residencia y donde formó una familia. Ahora existen en el país muchos hombres y mujeres que se apellidan Urioste todos -o casi todos- provienen de este Atanasio Urioste inicial. Entre estos descendientes destaca, con brillo propio, su nieta Clotilde de Urioste, Princesa de la Glorieta, esposa del Príncipe Francisco Argandoña Revilla. Aristocracia boliviana en estado puro.

Antes de tan siquiera soñar con llegar a ser príncipe, Francisco Argandoña, que también descendía de vascos, fue minerólogo y primero trabajó en la empresa Minera Huanchaca y luego la compró, en parte, tras adquirir acciones por un valor aproximado de 200.000 pesos. La verdad es que no parecía ser un gran negocio, porque la Minera Huanchaca estaba prácticamente en la ruina y solo daba disgustos a sus propietarios, pero Argandoña creía en la mina y luego se demostraría que no había estado equivocado: la suerte cambió y hacia 1878 la minería de la plata se revolucionó gracias a un nuevo sistema denominado "tinas de amalgamación" y la mina Huanchaca pasó de dar pérdidas a ser el origen de algunas de las mayores fortunas bolivianas del siglo XIX, entre otras las del propio Francisco Argandoña, pero también de personajes célebres, como Aniceto Arce, que llegó a ser presidente de la república.

Inesperadamente millonario, Argandoña fundó un banco al que, sin mucha imaginación, bautizó como "Banco Francisco Argandoña". Entre la mina y el banco el dinero entraba a raudales a la familia y como los negocios caminaban prósperamente solos, Argandoña hizo lo que acostumbraban hacer los millonarios bolivianos en aquella época: se dedicó a la vida diplomática.

Como uno de sus primeros destinos diplomáticos, fue nombrado Enviado Extraordinario y Ministro Plenipotenciario ante la Santa Sede, así que se instaló en Roma con su esposa Clotilde Urioste, nieta de Atanasio. Cuenta la historia que durante el acto de presentación de los credenciales diplomáticos ante León XIII, en la animada charla posterior le explicaron al Sumo Pontífice en qué gastaban su fortuna y cómo en la lejana ciudad de Sucre habían fundado y sostenían dos asilos de huérfanos de cerca de un centenar de niños y niñas. Parece que el Papa de Roma se sintió conmovido ante la generosidad de aquel simpático matrimonio originario de una remota ciudad de la que jamás había escuchado hablar, así que decidió recompensarlos haciendo pública, el 28 de diciembre de 1898, la Bula Ereccional en la que se los nombraba como Príncipes de la Glorieta. El principado tomaba su nombre de un enorme palacio que el matrimonio minero habían mandado construir a unos cinco kilómetros de la ciudad de Sucre.

Ya antes de ser príncipes, cuando solo eran millonarios, habían decidido que merecían disfrutar de artículos de la mejor calidad, por lo que para la construcción del palacio de la Glorieta contrataron a los más habilidosos artesanos quechuas de los valles chuquisaqueños y los enviaron a Francia para que aprendieran todo lo necesario sobre las técnicas europeas de construcción. Siendo ya príncipes, decidieron que sería buena idea enviar también a París a sastres, cocineros, mucamas, camareras, amas de llaves y mayordomos para que en Europa aprendieran cómo servir adecuadamente a tan refinados infantes andinos.

De cómo Pedro Enrique Ibarreta quiso explorar el Pilcomayo

Pedro Enrique Ibarreta nació en Bilbao en 1859 y perteneció a una familia adinerada. Su nombre completo era Pedro Enrique Joaquín Manuel Ibarreta Uhagón, tal vez porque hubo una época en la que un niño rico necesitaba muchos nombres y no podía llamarse, tan solo, José, o Paco, o Alfonsito.

Ibarreta, decíamos, nació en Bilbao y allí trascurrió su primera infancia, pero las circunstancias, en este caso la III Guerra Carlista (1872-1876) y el asedio a Bilbao, llevaron a su familia al extranjero y ahí comenzó el primero de los muchos viajes que hizo a lo largo de su vida.

En 1883 viajó a Argentina, se graduó de Ingeniero en Córdoba y trabajó en el Chaco boliviano-argentino-paraguayo como agrimensor para el empresario palentino[79] Carlos Casado de Alisal, dueño de un -obsceno- latifundio de ochenta mil kilómetros cuadrados entre Argentina y Paraguay.

Durante la guerra de Cuba, Ibarreta se alistó al ejército español y en 1898, tras la independencia cubana, regresó de nuevo a Sudamérica, donde estuvo primero un tiempo buscando oro sin éxito y después propuso al presidente boliviano Severo Fernández Alonso, la exploración del río Pilcomayo.

El presidente debió escucharle con atención y con interés, porque, de hecho, la exploración del Pilcomayo era una antigua aspiración de los gobiernos de los tres países de la región, que necesitaban saber si el río era navegable y si podía servir o no como conexión fluvial con el atlántico.

Puede parecer muy extraño que tan a finales del s. XIX un rio americano siguiera estando inexplorado, pero es que el Pilcomayo, el "río de los pájaros", no era un rio cualquiera, sino que era –es- uno extremadamente difícil. Por muchos motivos. Para comenzar mide 2426 km. y nace a 4200 metros de altura en plena cordillera, aunque el tramo cordillerano no es tan problemático y las mayores dificultades comienzan cuando llega al Chaco y la corriente transcurre por una extensa región con apenas desnivel pero todavía a una enorme distancia de cualquier océano. Al mismo tiempo, el Pilcomayo es el río del mundo que trasporta mayor cantidad de sedimentos, miles y miles de toneladas que se acumulan en lugares inesperados y cambiantes. Además, en las crecidas se deposita gran cantidad de árboles y

---

[79] Natural de Palencia, actualmente parte de la comunidad de Castilla y León, a finales del s. XIX pertenecía a la región de Castilla la Vieja.

ramas -paleríos- que al ser rellenados con el barro y la arena de los sedimentos, acaban formando represas.

El resultado de todo esto es un caudal irregular con tramos con escaso calado o incluso prácticamente sin agua, un cauce cambiante que se divide y se pierde y numerosos brazos y afluentes que impiden saber cuál es el cauce principal. El río además, atraviesa esteros, pantanos, bañados y lagunas. A todo esto había que sumarle un clima temible, sobre todo en verano, la existencia de animales salvajes y, en la época de Ibarreta, también de indígenas hostiles. En otras palabras: un infierno. De hecho, el ingeniero hidrógrafo Olaf Storm ya había concluido en 1890 que el río no era navegable.

Es evidente que en Bolivia no estaban esperando a Ibarreta para que este hiciera algo respecto al Pilcomayo y los primeros esfuerzos de exploración del río se retrotraen a 1538, pero durante casi cuatro siglos se repitieron decenas de expediciones y todas, una detrás de la otra, fracasaron.

La misión de Ibarreta también fue un desastre. Los expedicionarios fueron víctimas de los obstáculos, las enfermedades, el mal tiempo y de los pueblos indígenas de la zona. Encallaron y decidieron separarse. Un grupo, entre ellos Ibarreta, se quedó en los barcos y otro trató de encontrar ayuda por tierra. De este segundo grupo solo dos sobrevivieron. Del grupo de Pedro Enrique Ibarreta no sobrevivió nadie.

Se organizaron varias expediciones militares para tratar de encontrarlo y todas fracasaron. Finalmente encontraron su cadáver y todo parecía mostrar que había recibido una muerte muy violenta, de seguro a manos de indígenas de la zona que tal vez intuían lo que aquel hombre blanco–y los que vendrían después- significaba para ellos: el fin de todas las cosas.

Juan Abaroa

No sabemos cómo llegó Juan Abaroa a San Pedro de Atacama, pero se sabe que era originario de Mundaka (Bizkaia), uno de los lugares más bonitos que uno se pueda imaginar. Sin embargo, cosas del destino y de las circunstancias, Juan Abaroa cambió el verde explosivo de la costa cantábrica por el ocre interminable del desierto más árido del mundo que en aquella época era, todavía, boliviano. En San Pedro de Atacama, Juan se dedicó al comercio, se casó con Benita Hidalgo y fundó una familia. Uno de sus hijos, Eduardo, nació en 1838 y fue concejal, maestro de escuela y contador en una mina.

A inicios del año de 1879, Eduardo Abaroa,[80] el hijo de Juan y de Benita, había viajado por trabajo al pueblecito costero de Calama cuando el ejército chileno tomó la ciudad de Antofagasta, dando inicio a lo que luego se ha conocido como la "Guerra del Pacífico" o la "Guerra del Guano"[81]. El ejército boliviano decidió que defender Calama era un objetivo estratégico fundamental para detener el avance chileno y Eduardo Abaroa, que no tenía ninguna experiencia militar, se presentó como voluntario, se le dio inmediatamente el grado de coronel y se le encomendó defender el puente de Topater sobre el río Loa, obligándolo a pelear contra quinientos soldados chilenos solo acompañado de doce hombres.

Héroe nacional de Bolivia, sus compatriotas todavía recuerdan con orgullo que, cuando los militares chilenos le pidieron que se rindiera, Eduardo Abaroa les gritó "¿rendirme yo?... ¡que se rinda su abuela, carajo!". Eduardo Abaroa murió ese mismo día, acribillado por las balas chilenas, tenía 41 años y

---

[80] Existe cierta polémica sobre si el apellido del héroe boliviano se escribe con b. (Abaroa) o con v. (Avaroa). En general, aunque se suele ver escrito de los dos modos, en Bolivia es más habitual escribirlo con v. El apellido en euskera debería ser con b y entonces la forma "avaroa" sería su castellanización. Es curioso también además comprobar que los descendientes chilenos siguen usando la forma Abaroa. El apellido podría venir de la palabra vasca Abaro (sombra/refugio).

[81] La Guerra del Pacífico también se conoce como Guerra del Guano (aunque en Bolivia esa denominación no se suele utilizar) debido al excremento de las aves marinas y las focas que abundaba en los islotes de esa parte de la, entonces, costa boliviana y peruana. El guano se utilizaba en el siglo XIX como fertilizante y era muy valioso, por lo que se supone que su posesión fue uno de los detonantes de la guerra, aunque Chile tienen diferentes argumentos, entre otros, como ya hemos visto, la violación, por parte de Bolivia, de acuerdos sobre límites y acuerdos impositivos a empresas chilenas.

cinco hijos. Mientras se luchaba en Calama, tropas chilenas desembarcaron en los puertos de Cobija y Tocopilla, ocuparon la ciudad de Mejillones y quedaron dueños del desierto hasta las fronteras del Perú. La guerra de Chile con Bolivia había terminado y la historia del mar boliviano también.

Todavía, el 23 de marzo de cada año, los bolivianos y las bolivianas lloran por Eduardo Abaroa. Lloran también por el mar perdido y sueñan, desde hace 133 años, con recuperarlo algún día. Cada día que pasa parece más difícil, pero el pueblo boliviano, siguiendo el ejemplo de Abaroa, no es de los que se rinden.

El obispo explorador Nicolás Armentia

Nicolás Armentia y Ugarte nació en Bernedo (Araba) hacia 1845. Parecería que en su vida la vocación religiosa y la pasión por la naturaleza pugnaban por ver cuál de las dos podía más. Así, siendo joven, pasó unos años en Francia estudiando ciencias naturales, pero abandonó los estudios, se ordenó de misionero franciscano y se marchó a América.

Ya en Bolivia, fue prefecto de misiones y guardián de conventos, pero la naturaleza y la aventura seguían llamándolo y no pasó mucho tiempo antes de que intentara combinar la religión con la exploración de la extraordinaria naturaleza de las montañas y las selvas bolivianas. De hecho, fue un miembro muy destacado de la Sociedad Geográfica de La Paz y se lo recuerda como uno de los grandes exploradores del s. XIX que viajó y exploró gran parte de la Amazonia, recorriendo grandes ríos como el Madre de Dios, el Mamoré o el Beni y realizando estudios antropológicos y lingüísticos de las tribus que encontraba a su paso. Publicó, entre otras obras: "*Exploración Oficial del Madre de Dios*", "*Límites de Bolivia con el Perú en la parte de Caupolicán*", "*Los indios Tacanas y su lengua*" o "*Vocabulario del Idioma Shipibo del Ucayali*".

En su faceta religiosa tampoco le fue nada mal: llegó a ser Obispo de La Paz. Nicolás Armentia falleció en noviembre de 1909.

Zamudio o la poesía

Juan de Zamudio y Tellitu nació en Barakaldo (Bizkaia) y allí fue bautizado un 15 de febrero de 1653. Era una época en la que la precocidad era casi obligatoria y Zamudio se enroló muy joven en la marina real, así que con solo trece años ya estaba navegando en compañía del general Mateo de la Haya y a los dieciséis ya era cartógrafo en la expedición de Francisco de Avaria. Navegó por Buenos Aires y realizó servicios en el Perú y fue caballero de Santiago desde el año 1688. En 1696 se trasladó definitivamente a las Indias para jurar al cargo de Gobernador y Capitán General del Tucumán, cargo que cumplió hasta el año 1701.

En Buenos Aires, Juan de Zamudio se casó con Inés de Salazar-Muñatones y Azoca, natural de esa ciudad pero de familia proveniente de la zona de Somorrostro (Bizkaia). Ambos tuvieron una larga descendencia donde no faltaron religiosos, militares y políticos. Entre todos sus hijos nos interesa el mayor: Juan Gregorio de Zamudio Pessoa, que llegó a ser teniente coronel y alcalde de la ciudad de Buenos Aires, que enviudó joven y se volvió a casar en segundas nupcias con otra mujer de origen vasco, María Josefa de Echevarría Ordóñez y Sarmiento con la que tuvo varios hijos. Uno de ellos fue bautizado como Máximo Zamudio Echevarría y nació en Buenos Aires el 25 de septiembre de 1787.

Máximo Zamudio -y ya vamos por la tercera generación de la familia Zamudio, la segunda en las Américas- tuvo, como todos sus antecesores, una larga y azarosa vida: defensor de su tierra en las invasiones inglesas de 1806 y 1807, héroe de la asonada de Álzaga de enero de 1809, adherente a la Revolución de Mayo de 1810, miembro de la Primera expedición auxiliadora al Alto Perú: peleó en la batalla de Guaqui que, como ya sabemos, ganó Goyeneche, fue capturado por las tropas españolas y luego liberado en Oruro; fue miembro del ejército del general José de San Martín en la campaña de Chile y soldado de la campaña del Perú, de cuyo ejército llegó a ser General de División. Tras la independencia, Máximo Zamudio, ya sin más guerras en la que pelear, se dedicó primero en Lima a venderle vestimentas y armas al ejército peruano y luego, tal vez aburrido de tanta monotonía, se afincó como minero en Corocoro, Departamento de La Paz, donde tuvo dos hijos, Mariano y Adolfo.

Adolfo -y ya vamos por la cuarta generación de Zamudios, la primera boliviana- fue ingeniero de minas y empresario en Corocoro. En 1854, mientras la familia estaba de vacaciones en Cochabamba, nació su hija a la que bautizó como Juana Plácida Adela Rafaela Zamudio Ribero, que es conocida en su país como Adela Zamudio, la poeta.

Adela fue una mujer rebelde, luchadora e independiente en una época oscura para las mujeres. Rebelándose contra el destino, Adela fue la primera feminista boliviana. También escribió algunos de los mejores versos que se hayan escrito en el país y una sola novela, "Íntimas", que es considerada una de las diez mejores novelas bolivianas de todos los tiempos.

Maestra, ensayista, traductora, fundadora del Liceo de señoritas de Cochabamba, que fue la primera escuela laica de la nación, Adela abogó por poner fin a la educación religiosa y por la igualdad de las mujeres. Por sus ideas, Adela Zamudio se peleó con la iglesia, con los políticos y con los hombres, es decir, con todos los que mandaban. Aun así, en mayo de 1925, unos pocos años antes de morir, el gobierno del presidente Hernando Siles la reconoció como la más elevada exponente de la cultura en la nación.

Quizás el poema más famoso de Adela Zamudio es "Nacer hombre", un lamento iracundo contra la situación de la mujer boliviana del siglo XIX, carente de derechos y confinada a la mediocridad:

> Una mujer superior
> en elecciones no vota,
> y vota el pillo peor;
> (permitidme que me asombre)
> con solo saber firmar
> puede votar un idiota,
> porque es hombre.

Él se bate y bebe o juega
en un revés de la suerte;
ella sufre, lucha y ruega;
ella se llama ¿ser débil?,
y él se apellida ¿ser fuerte?
porque es hombre.

Ella debe perdonar
si su esposo le es infiel;
mas, él se puede vengar;
(permitidme que me asombre)
en un caso semejante
hasta puede matar él,
porque es hombre.

¡Oh, mortal!
¡Oh mortal privilegiado,
que de perfecto y cabal
gozas seguro renombre!
para ello ¿qué te ha bastado?
Nacer hombre.

Tomás de Aguirre o la literatura

Poco se sabe de Tomás de Aguirre, aunque sí que nació en Vitoria[82] y que hacia 1759 emigró a América y se afincó en Cochabamba, ciudad donde se casó con Micaela González de Velasco, hija de una adinerada familia cochabambina. En Cochabamba la familia Aguirre prosperó muy rápido y, de hecho, su hijo Miguel María Aguirre, nacido en 1798, fue coronel, diputado, constituyente y, en su época, uno de los terratenientes más ricos del país. Todavía hoy hay una población que se llama Aguirre, a unos cuarenta kilómetros de Cochabamba, un pequeño pueblo quechua rodeado de

---

[82] El nombre oficial es Vitoria-Gasteiz, capital de la provincia de Álava/Araba.

sembradíos en un valle alto y montañoso, más desolado que próspero.

Pero el vitoriano Tomás de Aguirre fue, sobre todo, el abuelo de Nataniel Aguirre, escritor boliviano que escribió en 1885 "Juan de la Rosa. Memorias del último soldado de la independencia", considerada la mejor novela de la historia de la literatura boliviana y una de las mejores novelas latinoamericanas de todos los tiempos. De hecho Menéndez Pelayo no dudó en calificarla como la mejor novela americana del siglo XIX.

A su vez, Nataniel Aguirre se casó con Margarita Achá, hija del presidente José María de Achá -descendiente también de vascos, como ya hemos visto- y ambos fueron padres del poeta, escritor y político José Aguirre de Achá (1877-1941) y abuelos de Joaquín Aguirre Lavayén (1921-2011), diplomático, político, empresario, inventor y uno de los más originales escritores bolivianos del siglo XX. Aguirre Lavayén escribió, entre muchas otras obras, "Guano Maldito", una curiosa obra sobre la Guerra del Pacífico en la que, con gran sentido del humor, se mezcla el relato histórico con lo sobrenatural.

Si su abuelo le puso su nombre a una localidad cochabambina, un puerto fluvial se llama como el nieto, que fundó en 1988 una gran y moderna instalación portuaria en la localidad de Puerto Quijarro (Santa Cruz) que, en su honor, se llama Puerto Aguirre.

Ciro Bayo Segurola, el escritor olvidado

Escritor, aventurero, viajero y traductor, Ciro Bayo Segurola nació en Madrid en 1859 y fue hijo de Vicente Bayo y de la guipuzcoana Ramona de Segurola, oriunda de Pasajes,[83] aunque algunas versiones -alentadas por el propio escritor- apuntaban a que en realidad su verdadero padre era un banquero y comerciante vasco y que Ramona Segurola se casó con Vicente Bayo solo para guardar las apariencias. Quizás por ello, Pío Baroja escribió que Bayo Segurola "se consideraba más Segurola que Bayo".

---

[83] Pasaia es su nombre oficial actual.

Pese a su enorme producción bibliográfica -escribió más de 30 libros- y aunque ganó en vida algunos premios literarios importantes, nunca logró ser un autor reconocido. Con el paso del tiempo esa falta de reconocimiento se fue transformando en olvido y en la actualidad la obra de Bayo Segurola es poco conocida, aunque es cierto que en los últimos tiempos ha empezado a editarse de nuevo.

En 1889, cuando no había aun cumplido los 30 años, Ciro Bayo decidió irse a vivir a América. De los primeros años de ese viaje no hay mucha información, salvo que trabajó de maestro en una escuela rural en Bragado, Argentina. Estando allí, algo le hizo suponer que era una buena idea viajar a caballo desde Argentina hasta Chicago para asistir a la exposición universal de 1893. Dicho y hecho, Bayo Segurola se compró un caballo y una silla de montar y partió cabalgando hacia Chicago, al parecer poco impresionado por los cerca de doce mil kilómetros que separan ambas ciudades. Sin embargo, parece que la realidad se impuso, porque solo llegó hasta la ciudad boliviana de Sucre donde abandonó su viaje y se quedó a vivir. Del caballo no se sabe nada.

Durante cuatro años en Sucre, administró una escuela, trabajó como taquígrafo y corrector de estilo y creó una revista literaria "El Fígaro. Revista Cómico Literaria". La vida de la revista no fue muy larga, apenas 24 números y luego sucumbió ante los altos costos y los escasos compradores. Después de eso, Bayo decidió dejar la capital y partió hacia el departamento amazónico de Beni, donde en aquella época se vivía la fiebre del caucho[84] y desde donde colaboró con el periódico "La estrella del Oriente" de Santa Cruz de la Sierra. En Beni vivió cuatro años,

---

[84] Entre 1879 y 1912, en toda la región de la cuenca amazónica se comenzó a explotar de modo masivo el látex del árbol de caucho. En una verdadera fiebre, algunos productores de la región lograron fortunas extraordinarias, dejando detrás de él, como es una constante en la región, tremendas historias de extravagancia y despilfarro, pero también de esclavitud y de explotación inhumana. Sobre este periodo se han escrito novelas extraordinarias, como, entre otras, "La Vorágine" del colombiano José Eustaquio Rivera o "Canaima" del venezolano Rómulo Gallegos.

tras los cuales partió de regreso a Madrid, donde durante los siguientes 40 años se dedicó, sin mucha fortuna, a la literatura. Además de novelas, Ciro Bayo Segurola escribió también libros de viajes y, rigurosamente por encargo, compendios de higiene personal, tratados de galantería, libros de ocultismo y manuales de instrucción cívica.

Además de su revista "El Fígaro", que se conserva en la Biblioteca Nacional de Sucre, la producción literaria que Ciro Bayo Segurola nos dejó tras su paso por América del Sur es abundante y de ella se podrían destacar, entre otras obras: "Vocabulario criollo-español sud-americano", "El peregrino en Indias (en el corazón de la América del Sur)", "Chuquisaca, o La Plata perulera; cuadros históricos, tipos y costumbres del Alto Perú", "Examen de próceres americanos; los libertadores", "Las grandes cacerías americanas (del Lago Titicaca al Río Madera)", "Por la América desconocida", "Bolívar y sus tenientes. San Martín y sus aliados", "Historia moderna de la América española (desde la independencia hasta nuestros días)", "Manual del lenguaje criollo de Centro y Sudamérica" o "El capitán Ñuflo de Chávez y la provincia de Chiquitos".

Eugenio Iturri, la solitaria I. de Simón Patiño

No se sabe mucho de Eugenio Iturri pero la mayor parte de las biografías sobre su hijo, sobre todo las de Charles F. Geddes, seguramente la más importante de todas ellas, no tienen ninguna duda respecto a que era vasco.

Se cree que Iturri nació cerca de 1835 y aunque no se sabe en qué circunstancias llegó al país, sí se conoce que hacia 1859 tuvo relaciones con María Patiño, una joven perteneciente a una conocida familia cochabambina y que de esa relación nació, el primero de junio de 1860, día de San Simón, Simón I. Patiño, el minero más famoso de la historia. De toda la historia.

No hace falta discurrir mucho para entender que si el joven Simón decidió esconder la figura de su padre tras una sola letra y un punto, su relación con él nunca debió ser muy fluida. Hay muchas versiones sobre ese desencuentro, entre otras que Eugenio abandonó a la madre cuando su hijo era un recién nacido; o que Simón era hijo natural y que Eugenio nunca quiso reconocerlo legalmente. En cualquier caso, Simón condenó a su padre al anonimato y habitualmente solo utilizaba el apellido de su madre. De hecho se dice que la I mayúscula y el punto, ese tibio reconocimiento a su padre, lo comenzó a usar apenas cuando ya era un hombre viejo.

La historia de Simón Patiño es larga y conocida y no es necesario contarla aquí de manera exhaustiva, baste decir que fue propietario de una mina, "La Salvadora", y que esta mina fue una de las más importantes productoras de estaño del siglo XIX y parte del XX y que manejando sus negocios con eficiencia y, se dice, que con crueldad y sin miramientos con sus trabajadores, Simón I. Patiño terminó por ser una de las personas más ricas del mundo, llegando a tener minas, además de en Bolivia, en Malasia, Indonesia, Tailandia, Nigeria y Holanda y fundiciones de metal en Gran Bretaña y Alemania.

El apellido Patiño todavía estremece a muchos de sus compatriotas y es sinónimo de éxito, de opulencia sin límites, de poder, de ferocidad y de arbitrariedad. Aunque en los últimos años también de solidaridad, porque dejo establecido en su herencia que parte de su patrimonio se utilizase para formar en Europa a jóvenes de buenos expedientes académicos y bajos recursos, cosa que todavía se sigue haciendo y así, año tras año, estudiantes, hombres y mujeres, bolivianos se van a estudiar a Suiza con el patrocinio de la fundación que lleva el nombre del minero, siempre acompañado de su solitaria I.

Tercera parte. Del siglo XX al siglo XXI

*Tú que solo/conociste/los gramófonos/y/las
tiendas/sin luz/te contaré/que aquí/en la
tierra/las cosas/han cambiado/mucho*

Roberto Echazú

José Macedonio Urquidi, historiador

Domingo Urquidi Arrechuaga nació a finales del siglo XVII, tal vez hacia 1674, en San Andrés de Echebarría (Bizkaia), que ahora se conoce oficialmente como Etxebarria, en la comarca del Lea Artibai, antigua Merindad de Marquina.

Domingo pasó a las Indias como Sargento Mayor de los Reales Ejércitos, estuvo primero en Lima y luego fue destinado a la Villa de Oropesa, ciudad conocida actualmente como Cochabamba.

Los y las descendientes de Domingo Urquidi hicieron de Bolivia su hogar y hubo, como en todas las familias, un poco de todo, aunque abundaron, sobre todo en los primeros tiempos, militares, como el coronel realista León González de Velasco y Urquidi (1732) o el nieto de este, ya en el bando opuesto: el general José Miguel de Velasco Franco (1795) que es un héroe de la historia boliviana y llegó a ser cuatro veces Presidente entre 1828 y 1848.

Pero el descendiente de Domingo Urquidi que nos interesa de manera especial nació a finales del siglo XIX, exactamente en 1881, se llamaba José Macedonio y fue muchas cosas: abogado, poeta, periodista, catedrático de sociología y, sobre todo, un extraordinario historiador.

José Macedonio Urquidi no es ningún desconocido y ya en vida recibió honores y consideraciones e incluso fue nombrado Hijo Predilecto de su natal Cochabamba. Aun así, su vida y sobre todo su obra, no posee en Bolivia –mucho menos en el extranjero- el reconocimiento que a nuestro juicio se merece, porque la lectura de su obra es fundamental para comprender la historia colonial altoperuana y la del primer siglo de vida republicana. Más aún para conocer la historia de Cochabamba, que cultivó con especial cuidado y atención.

Ramiro Condarco escribió de él que "si hubiese tenido la suerte de nacer en uno de los muchos burgos de la envejecida Europa, quizá habría tenido también la posibilidad de experimentar y saber con cuánta avidez se leían sus obras, con cuanta reverencia se recibían sus enseñanzas y con cuánto respeto se rendía dócil y callado respeto a su palabra autorizada y conclusiva".

José Macedonio estuvo, además, casado con la escritora cochabambina Mercedes Anaya (1886), importante folclorista que también incursionó en la antropología y la poesía. El origen del apellido Anaya es también claramente vasco y deriva de la palabra "anaia" -hermano-.[85] La familia Anaya, que también son abundantes en Bolivia, provienen en su práctica totalidad de la zona de Cochabamba.

Estenssoro o el Poder

Gracias a la revolución de 1952, el país dejó de ser una sociedad feudal en la que los hacendados compraban y vendían sus latifundios incluyendo, como un activo más, a las y los indígenas que vivían dentro y sacó del poder a la élite minera que durante los anteriores cien años había gobernado férreamente al país. Así, la revolución tomó medidas políticas sin precedentes, que todavía hoy, sesenta años después, marcan la realidad política y social boliviana. Las tres más importantes fueron la nacionalización de la minería, que acabó con el poder omnímodo de los empresarios mineros; la reforma agraria que repartió tierras entre los pueblos indígenas, abolió el sistema de latifundios y puso fin al pongueaje o servidumbre personal; y la instauración del voto universal sin discriminaciones de raza, sexo o formación. Pero además hubo otras medidas de verdad importantes, como la reforma educativa, la nacionalizaron de los ferrocarriles, la reforma urbana, la consolidación de los sindicatos y de los derechos sindicales o la primera política social de salud que se conocía en el país. Es cierto la revolución del 52 también tuvo cosas malas: campos de concentración para los opositores, represión, corrupción y el surgimiento de una nueva élite política

---

[85] Euskaltzaindia (Real Academia de la Lengua Vasca) nos recuerda que: "el empleo como nombres propios de persona designaciones de sexo, parentesco o edad se encuentra también en la Navarra medieval, más en vascuence que en romance, sobre todo el nombre del 'hermano': (...) Anaie, Anaia".

que gobernaría los siguientes 50 años. Pero aun así, los aspectos positivos superaron por mucho, desde cualquier punto de vista, a los negativos.

A la cabeza indiscutible de la revolución y comandando todos esos cambios, los buenos y los malos, estaba el que ha sido sin dudas el político más importante e influyente de toda la historia boliviana: Ángel Víctor Paz Estenssoro, tres veces Presidente en 1952, 1960 y 1985.

Los Estenssoro eran -y siguen siendo- una prolífica familia proveniente de Tarija, el sur del país y que, además de Víctor Paz Estenssoro, sin duda el miembro más célebre de la saga, ha provisto al país de políticos,[86] empresarios, embajadores, militares, músicos y poetas.

Aunque no hay duda que el origen del apellido de la familia proviene originalmente de Estensoro -con una sola s-, apellido vasco de origen guipuzcoano, es difícil establecer el origen inicial de la familia, dado que la presencia en Sudamérica de la familia Estenssoro es muy larga en el tiempo. Sin embargo, parece que el miembro más antiguo de la familia del que se tiene noticia fue, a mediados del s. XVIII, Miguel de Estensoro, que se casó con Josefa de Zamalloa. Su hijo, Ignacio Estensoro Zamalloa, contrajo matrimonio con Josefa de Artunduaga -hija de Roque Artunduaga y Lastarria y de Melchora Ichazo-. Uno repasa estos apellidos y ya no se le ocurre qué más decir, salvo que todos, sin excepciones, son vascos.

Por una de esas piruetas que a veces da la historia, Víctor Paz Estenssoro, el líder indiscutible de la revolución nacionalista del 52, fue también el encargado, en 1985 durante su último gobierno, de ponerle fin a la revolución. Treinta años después, los tiempos habían cambiado y Víctor Paz, ya muy anciano, tuvo que aprobar la liberalización de la economía, la privatización de la minería y el achicamiento del Estado. Así, para bien o para

---

[86] Y no solo a Bolivia sino también a los países vecinos. El caso más importante es el de la senadora argentina nacida en Bolivia María Eugenia Estenssoro.

mal, Paz Estenssoro volvió a cambiar radicalmente el destino del país por segunda vez en su vida.

Los Gumucio, una familia boliviana

Este libro no ha pretendido basarse en familias completas, sino subrayar personajes concretos que nos interesaban de modo especial. Hemos hecho dos excepciones: la primera la familia Achá, de la que ya hemos hablado. La segunda los Gumucio.

El inicio de la rama americana de esta familia, el genearca que diría la genealogía, parece no estar de todo claro. Algunos autores dicen que fue Domingo de Gumucio y Vega que nació en Amorebieta[87] (Bizkaia) y que a comienzos del siglo XVIII se trasladó a Santa Fe de Bogotá. Otras fuentes afirman que el primer Gumucio americano fue su nieto, Juan Bautista de Gumucio y Bolumburu, que hacia 1757 se afincó en Cochabamba. En realidad no importa mucho ni cambia substancialmente el fondo de lo que pasó después: en Bolivia la familia prosperó, creció y se multiplicó, una parte importante se quedó en el país y otra se marchó a Chile. En ambos lados de la frontera les fue, en general, muy bien.

Es difícil hablar de todos los Gumucio, así que hemos debido escoger a unos pocos. Lo haremos muy brevemente, incluyendo también a dos chilenos.

Empezaremos, como es normal, con los bolivianos. El primero de ellos es Mariano Baptista Gumucio "el mago" (1933), uno de los grandes intelectuales de la segunda mitad del siglo XX: abogado, notable historiador, periodista, diplomático y varias veces ministro de Estado. Su obra literaria es mayormente histórica, pero también ha publicado importantes estudios sobre literatura, pedagogía o ecología y ha incursionado en los medios de comunicación, siempre dedicado a promover y enseñar la historia y las costumbres de su país. Otro es su hermano, el economista Fernando Baptista Gumucio (1931) diplomático,

---

[87] Aunque Amorebieta en euskera se dice Zornotza su nombre oficial es Amorebieta-Etxano.

senador, ministro de finanzas y autor de una voluminosa obra sobre economía.

El tercero es el político, diplomático y empresario Alfonso Gumucio Reyes (1914), fundador del Movimiento Nacionalista Revolucionario (MNR) y alto dirigente de la Revolución de 1952. Bajo su batuta, la revolución llevó adelante muchas de sus grandes obras de modernización del país. Su hijo, Alfonso Gumucio Dagron (1950), es o ha sido, entre otras cosas, poeta, dramaturgo, cineasta y periodista.

Dos más. El primero es Juan Carlos Gumucio Quiroga (1949) periodista y corresponsal de guerra con una larga experiencia en todo el mundo y en particular en Medio Oriente donde trabajó para medios norteamericanos. El segundo es Jorge Gumucio Granier, diplomático de carrera y que llegó a ser vicecanciller durante el breve gobierno de Carlos Mesa. Su biografía tiene varios momentos sorprendentes, uno de ellos es cuando en 1996 fue secuestrado, junto con casi un millar de diplomáticos, militares y funcionarios, por guerrilleros del Movimiento Revolucionario Tupac Amaru (MRTA) durante un coctel en la embajada de Japón en Lima. Gran parte de las y los secuestrados fueron liberados ese mismo día, pero 73, entre ellos el propio Gumucio estuvo en la embajada 126 días hasta que las fuerzas especiales peruanas irrumpieron en la embajada, liberaron a los rehenes y "eliminaron" a las y los secuestradores.

Entre los miembros chilenos de la familia, dos: el escritor Rafael Gumucio Araya (1970) y el cineasta y político Marco Antonio Enríquez-Ominami Gumucio (1973), candidato a la presidencia de Chile.

Noticias sobre Urriolagoitia

La abundancia de Presidentes bolivianos con apellidos y ascendencia vasca es abrumadora. Comenzando por Simón Bolívar, primer Presidente de la República, la lista es larga: José María Pérez de Urdininea, José Ramón de Loayza, José Miguel de Velasco, José Ballivián, Eusebio Guilarte, José María Linares y Lizarazu, José María de Achá, Adolfo Ballivián, José Manuel Pando, Ismael Montes Gamboa, Bautista Saavedra Mallea,

Enrique Hertzog Garaizabal, Hugo Ballivián, Hernán Siles Zuazo, Víctor Paz Estenssoro, René Barrientos Ortuño, David Padilla Arancibia o Jaime Paz Zamora. Nos quedaremos con uno de ellos: Mamerto Urriolagoitia Harriage.

El abogado, diplomático y senador Mamerto Urriolagoitia llegó al gobierno en 1947 y de manera constitucional como vicepresidente de la fórmula electoral que compartía con Enrique Hertzog, hijo de la chuquisaqueña de origen vasco Eduviges Garaizabal. Tras la renuncia de Hertzog, Urriolagoitia asumió el poder en una presidencia represiva y feroz que tuvo entre sus momentos más terribles la masacre de mineros en la mina Siglo XX (Potosí) en mayo de 1949. La historia es, más o menos, como sigue: el sindicato de la mina había reclamado aumento salarial y el pago de desahucios e indemnizaciones a los despedidos. En la mañana del 28 de mayo y tras varios días de conflictos, la empresa llamó a la dirigencia minera a una reunión para comenzar la negociación, pero en la medida que los líderes sindicales entraban a las oficinas de la empresa minera, en lugar de los directivos los esperaba la policía y no para negociar, sino para irlos deteniendo y enviarlos desterrados a Chile.

Al enterarse de este abuso, el resto de los mineros y sus familias se declararon en huelga y como represalia decidieron secuestrar a funcionarios de la mina. A primera hora de la tarde los mineros asesinaron a dos de los funcionarios, lo que sin duda fue un crimen, pero nada comparable a la violenta respuesta que se les vino encima por parte del gobierno, que envió dos regimientos de infantería, uno de caballería y otro de artillería, aproximadamente 1.500 soldados, que primero bombardearon el campamento minero y luego lo asaltaron, casa por casa. Se calcula que murieron asesinados unas trescientas personas. El dueño de la mina Siglo XX se llamaba Simón I. Patiño.

Dos años después, las elecciones de 1951 las ganó Paz Estenssoro, pero Urriolagoitia se negó a ceder el poder, dio un autogolpe de Estado y en junio de 1951 le entregó el mando a una Junta Militar presidida por el general Hugo Ballivián. Nótese que en todo este dramático entrevero de presidencias, renuncias y golpes de Estado están involucrados, de modo sucesivo, cuatro presidentes descendientes de vascos: Hertzog, Urriolagoitia, Estenssoro y Ballivián.

El abuelo del presidente Mamerto Urriolagoitia fue Mamerto Urriolagoitia y Ozañiz, natural de Arteaga[88], que se casó en Sucre con una rica heredera, también descendientes de vascos y de nombre Amalia Tardío, de la familia del coronel Manuel Antonio Tardio del Risco y Agorreta, que había sido hacendado y Alguacil Mayor de la Real Audiencia. El abuelo materno de Mamerto Urriolagoitia fue Adrien Jean Baptiste de Harriage Belsunce nacido hacia 1830 en Bouloc, pirineos franceses y descendiente de nobles y de obispos.

Las seis generaciones de mineros de Diego Ortiz de Aramayo

De los tres grandes "barones del estaño" que rigieron la vida política de Bolivia y buena parte de la vida económica del mundo durante la primera mitad del siglo XX, dos -Simón Iturri Patiño y Carlos Víctor Aramayo- tienen origen vasco.[89] Si con Patiño tan solo hay que remontarse hasta su padre Eugenio Iturri, en el caso de Carlos Víctor Aramayo hay que ir mucho más lejos, cinco generaciones hacia atrás, cuando hacia 1639 un nutrido grupo de miembros de la familia Ortiz de Aramayo, encabezados por Diego Ortiz de Aramayo y que también incluía a su hijo, su primo y su sobrino, emigraron desde su pueblo natal en Navarra para terminar en Tupiza, Potosí, donde compraron algunas pequeñas minas. Sus descendientes serían dueños de minas durante las siguientes seis generaciones.

El último exponente de esta familia de mineros fue Carlos Víctor Aramayo, nacido en Suiza en 1889 mientras su padre, el también empresario minero Félix Avelino Aramayo, estaba en misión diplomática. Más europeo que boliviano, aun así llegó a ser diputado por Sud Chichas (Potosí) y Ministro de Hacienda de Bolivia. Además, Carlos Víctor fue uno de los hombres más ricos del mundo durante su época, fundador y dueño de la

---

[88] Oficialmente Gauteriz-Arteaga, en la provincia de Bizkaia.
[89] El tercero fue el alemán Moritz (en Bolivia conocido como Mauricio) Hochschild.

"*Compagnie Aramayo des Mines en Bolivia*" con sede en Ginebra (Suiza) y domicilio legal en Tupiza, departamento de Potosí.

Durante casi cincuenta años, hasta la Revolución de 1952, los intereses mineros y políticos terminaron cruzándose, en lo que ha venido a llamarse la "rosca minera" y en la que los grandes mineros del estaño ponían y quitaban gobiernos, declaraban guerras, decidían presidencias e imponían políticas de Estado.

El fugaz paso de Nikolas Ormaetxea por el altiplano boliviano

Poeta, escritor, traductor, ensayista, experto en la cultura vasca, lingüista y académico de la lengua vasca, Nikolas Ormaetxea, conocido como "Orixe" es considerado uno de los poetas en euskera más importantes del siglo XX y un promotor del desarrollo del idioma vasco.

Nació en Orexa (Gipuzkoa) el 6 de diciembre de 1888, siendo muy joven, hacia 1905, ingresó en la Compañía de Jesús. Tras el fin de su truncada carrera sacerdotal -fue expulsado del seminario- se dedica de lleno a la escritura y sobre todo al estudio del euskera. La derrota de la República ante las tropas de Franco lo llevan primero a la cárcel de San Cristóbal en Pamplona[90] y luego hacia el exilio en Francia, donde, durante la Segunda Guerra Mundial, es detenido por los alemanes y recluido unos meses en el campo de concentración de Gurs. En 1950, cuando tenía ya más de 60 años, parte hacia Latinoamérica y durante cinco años recorre El Salvador, Guatemala, Brasil, Argentina, Bolivia, Perú y Ecuador.

Estando en Buenos Aires, Orixe decide partir rumbo a Quito. Sale de Argentina por tierra y llega a Bolivia, atraviesa el país, se asoma al azul profundo del lago Titicaca y pasa unos días en La Paz. Su visita es corta, pero se confiesa impresionado por la grandeza monumental del altiplano, por su silencio, por su colorido y por la personalidad introvertida y enigmática del indígena andino.

---

[90] Pamplona/Iruña.

Durante esos días escribe el poema *Bolibi´ko zabaldian*, - En la sabana de Bolivia-. Un fragmento dice así:

Gatzuna Iurrean, artaldeak bakan, ez zugatz, ez txori;
Oro sogor, baiñan erne dut belarri.
Eder mendietan, eder aintziretan, zeruan zohardi,
argian arego Zu baituket arki.
Eder dan oro Zuk, iragarriz bialtzen aurreti,
baina lañoz zaude inguru bildua, nai zaunak ikusi.
Ikustez aserik bagia dut apal niganat itzuli:
mandeuli, ez liztor, ez eltxo, ez euli,
barneko musika naiz entzun-egarri.
Eserita dago Indio beltxeran, an jaio ta bizi,
argiz aseago ni baiñon; ark are zerbait nai ikasi.
Lepoa makurtuz galdez ari zaio bere kitarrari
beti gauza bera, baña beti berri[91]

Jorge Oteiza Enbil. El genio de la cultura vasca

Si el pueblo vasco ha dado algún genio, ese sería, a nuestro juicio, Jorge Oteiza, nacido en Orio (Gipuzkoa) en 1908. Aclamado internacionalmente por su trabajo como escultor, Oteiza incursionó en la pintura, en la arquitectura y era también un intelectual de muchos quilates, que reflexionaba con lucidez sobre lo que le rodeaba. Por si lo anterior fuera poco, fue

---

[91] "La tierra es nitrosa, y son raros los rebaños, no hay árboles ni pájaros;/ todo está sordo, pero mi oído se halla despierto./ Bellos los montes, bellos los lagos, el cielo sereno,/ más allá de la luz te encontraré a Ti./ Todo cuanto es bello, Tú me envías como revelador por delante,/ pero para quien quiere verte estas rodeado de nubes./ Ahíto de ver, vuelvo humilde la vista hacia mí:/ sediento de escuchar la música interior,/ sin tábanos, ni avispas, ni moscas, ni mosquitos./ Hay un indio moreno sentado, allí donde ha nacido y vivido,/ más ahíto de luz que yo; él también quiere aprender algo./ Con el cuello inclinado, pregunta a su guitarra/ siempre la misma cosa, pero siempre nueva". Más adelante, un verso, al final del poema, dice así: "¿qué más necesito una vez visto Bolivia?/ Luego de recorrer mar y llanuras inmensurables, / podré encontrar alguna vez el final de la tierra; / podré agotarlos; soy yo más grande que ellos".

también un sorprendente poeta. De su tierra, el País Vasco, escribió:

Amo a mi país profundamente;
me da rabia mi país profundamente.
Lo conozco profundamente
Lo desconozco profundamente. Le doy mi vida.
Profundamente le doy mi muerte.

En 1934 Oteiza se marchó a América Latina para explorar nuevos horizontes y estudiar el arte americano y prehispánico, por el que tenía un especial interés. En 1936 estalló la Guerra civil española y la estancia de Oteiza en América del Sur se extendió durante catorce años hasta 1948 y aunque se centró sobre todo en Argentina, viajó por Colombia, Perú y Bolivia, donde mostró un especial interés por las ruinas arqueológicas de Tiahuanaco.[92]

Existe una foto suya, sonriente, apoyado en la Puerta del Sol de Tiahuanaco, todavía medio inclinada y al parecer no en su emplazamiento actual. En uno de sus libros -"*Interpretación estética de la estatuaria megalítica americana*"- Jorge Oteiza escribió lo siguiente: "En Tiahuanaco encuentro en mi opinión la frontera cultural en la evolución de estos pueblos andinos: Tiahuanaco es la estatuaria heredada que frente a la arquitectura se despide. No hay arquitectura andina sin una fe mística: esta fe es lo que la estatuaria ha transportado. Tiahuanaco es el relieve mural, la estatua que desaparece en la casa. Antes de Tiahuanaco, los pueblos viven en la estatuaria".

Tras el fallecimiento de su esposa y compañera de vida durante muchos años Itziar Carreño, con la que contrajo matrimonio en Buenos Aires y que le acompañó durante su periplo latinoamericano, Oteiza, abrumado por la pérdida, publicó un poemario titulado "*Itziar. Elegía y otros poemas*", que es una de sus obras poéticas más importantes.

---

[92] Tiahuanaco o Tiwanako.

En una de sus partes menciona un encuentro con un cura vasco -y al parecer nacionalista- en una iglesia de los Andes:

Siempre encuentras lo que buscas
un templo andino fraile vasco
que ruge al órgano GORA TA GORA EUSKADI
casi desmayas de abertzale gozo.[93]

Por supuesto, estos versos no tienen por qué hacer referencia a un suceso real ni que pudiera haber ocurrido en un templo andino boliviano -en el poema se habla también de Cuzco-, aunque apenas unos versos más abajo, Oteiza escribe:

pared Puerta oración los dos solos Tiahuanaco
vivo a tu lado inseparado de ti.

Carlos Anasagasti Zulueta, obispo del Beni

El padre franciscano Carlos Anasagasti Zulueta nació el 4 de noviembre de 1910 en Bermeo (Bizkaia). Siendo muy niño ingresó en el Seminario de Aránzazu donde en 1934 se ordenó sacerdote. Tras servir de capellán de gudaris[94] durante la guerra, estuvo preso y a fines de 1939 se marchó exiliado a Paraguay. De allí pasó a la Amazonia boliviana, donde le nombraron primero administrador apostólico en Beni y luego, en setiembre de 1953, fue consagrado como obispo. Falleció en julio de 2002.

Declarado hijo predilecto de la localidad beniana de Huacaraje, donde se erigió una gran estatua en su honor, se dice que las y los mojeños, en señal de gratitud y amistad con el obispo Anasagasti, bautizaron con el nombre de Bermeo a un

---

[93] "Gora ta gora Euskadi" (Arriba y arriba Euskadi) es una canción con letra del fundador del Partido Nacionalista Vasco, Sabino Arana y que se considera el himno de ese partido. Por otro lado, al término "abertzale" puede traducirse como patriótico.
[94] Los gudaris son los soldados del Eusko Gudarostea (Ejército Vasco), el pequeño ejército creado por el gobierno del País Vasco durante la Guerra Civil Española.

pequeño pueblo en medio del Territorio Indígena Mojeño Ignaciano, a unos 42 kilómetros de San Ignacio de Moxos (Beni).

En Bermeo se cultiva la naranja y el cacao y hay dos piscifactorías en las que los habitantes indígenas crían, alimentándolos con papaya y guineo, enormes pacús y sábalos.

Pedro de Anasagasti Urrutia

Pedro de Anasagasti no solo se apellida igual que el obispo Anasagasti, sino que también nació en Bermeo -aunque unos años más tarde-, también fue religioso franciscano, también fue ordenado en Aránzazu y también vivió en Bolivia y, durante un tiempo, residió en el Beni.

Anasagasti Urrutia, nacido en 1920, llegó al país en 1983, doctor en teología, poeta, ensayista y periodista, escribió más de veinte libros, participó en centenares de programas radiofónicos y llegó a tener una columna periódica titulada "Balcón del Vaticano" en Presencia, un desaparecido periódico católico de La Paz. Anasagasti falleció en Tarija en 1997.

Uno de sus poemas, dedicado a Bolivia, dice así:

Bolivia, entrañas de metal y oro
que presagian un nuevo paraíso
trópicos con ardor y compromiso
y valles de esplendor verde y canoro

Gregorio Iriarte. El cura de los perseguidos

Nacido en Olazagutia, Navarra, en 1925, Gregorio Iriarte fue ordenado en 1950 como miembro de la congregación religiosa católica "Oblatos de María Inmaculada". Tras una estancia en Argentina y Uruguay, Iriarte llega a Bolivia en 1964 para cumplir el mandato de su orden de dirigir la Radio Pío XII, una radio católica del centro minero Siglo XX, en el norte de Potosí. El país vivía en pleno periodo de dictaduras militares e Iriarte no puede evadirse de la situación y decide, desde la radio, involucrarse activamente en la lucha minera, en la denuncia de las brutalidades de los gobiernos militares y en la defensa de los derechos humanos, lo que le valió ser expulsado del país en varias oportunidades.

Seguidor de los postulados de la Teoría de la Liberación, Iriarte fue también fundador de la Asamblea Permanente de Derechos Humanos, que sigue siendo la organización más prestigiosa que hay en el país en el seguimiento y la denuncia de los delitos contra los derechos de las personas.

El padre Iriarte tuvo también una larga carrera como escritor de ensayos y libros sobre cuestiones políticas, económicas, educativas y morales, habiendo publicado más de treinta libros e innumerables artículos periódicos. Entre sus obras destaca "*Análisis crítico de la realidad*", uno de los libros de no ficción más vendidos de la historia de la república, publicado en 1983 y del que ya se han realizado 18 ediciones. Gregorio Iriarte falleció el 11 de octubre del año 2012, en Cochabamba, a los 87 años de edad.

Lo que el obispo Egiguren aprendió de los pueblos indígenas

Nació en Goiaz[95] (Gipuzkoa) en 1930 y falleció en Bermeo en julio de 2012, Manuel Egiguren Galarraga fue ordenado sacerdote de los frailes menores el 13 de marzo de 1954. Tras vivir en los conventos franciscanos de Forua y Bermeo, en 1962 partió como misionero y desempeñó su ministerio en lugares diversos, como Colombia, Ecuador, República Dominicana o El Salvador. Con posterioridad Egiguren trabajó durante más de una década en Montevideo (Uruguay) antes de ser enviado a Villa Diamante (Argentina) y a Asunción del Paraguay. Finalmente fue nombrado auxiliar del Vicariato Apostólico de El Beni, recibiendo la ordenación episcopal el 18 de abril de 1982 y manteniéndose en su puesto hasta junio de 2007, fecha en la que renunció al oficio pastoral de auxiliar pero no a su trabajo en el país, donde continuó hasta el año 2012, cuando, enfermo, se retiró a Bermeo -al de Bizkaia, no al de Beni-.

Cercano a los pobres y a la Teología de la liberación, el año 2002 Egiguren recibió del Gobierno Vasco el premio al

---

[95] Bidania-Goiatz.

cooperante vasco, cuando lo recogió, el Obispo auxiliar del Beni dijo que los pueblos indígenas de la Amazonia deberían ser "un ejemplo y desafío para nosotros, los euskaldunes, que tratamos de salvar nuestra identidad como pueblo y como nación. Una nación y un pueblo distinto y diferente, abierto, que quiere construir su destino y seguir construyendo su identidad".

Xabier Azkargorta Uriarte, el milagro del futbol

"Vine, vi y vencí" debió pensar Xabier Azkargorta el 19 de septiembre de 1993, sintiéndose como Julio Cesar después de la batalla de Zela. Ese día, en la ciudad de Guayaquil, la selección boliviana de futbol le ganó a la ecuatoriana por un gol a cero, lo que la clasificó, por primera y única vez en la historia, para la fase final de un mundial de futbol. Xabier Azkargorta (Azpeitia, Gipuzkoa, 1953) solo llevaba unos meses en Bolivia y ya era, por mucho, la persona más querida y más admirada del país.

Más acostumbrados a perder guerras que a ganarlas, ese día de septiembre los hombres y las mujeres bolivianas, sin que importara la condición o el origen, fueron colectivamente felices: las calles se llenaron de miles de personas que cantaban, saltaban, se abrazaban, gritaban y lloraban y parecía que todo era distinto, mejor y más luminoso. Es verdad que los problemas no desaparecieron, pero sí se olvidaron durante bastantes días.

Azkargorta, antes de llegar a Bolivia, había jugado profesionalmente en la Real Sociedad y en el Athletic de Bilbao y luego había entrenado equipos de la primera división del futbol español, como el Valladolid, el Espanyol o el Sevilla. Aun así, cuando llegó a La Paz nadie le conocía y la gente miraba con cierto recelo a aquel señor con un apellido imposible de memorizar y un enorme mostacho. Pronto se lo empezó a conocer como el *vasco* o el *bigotón*, debido esto último a su poblado mostacho.

Es cierto que durante los Mundiales de Estados Unidos de 1994 a su selección no le fue muy bien y que no pasó de la primera ronda, pero eso es lo de menos, el entrenador vasco de la selección boliviana era un héroe popular y era más famoso que cualquier político, cantante o actor boliviano conocido o por conocer. Aunque después del mundial se fue a entrenar a la selección de Chile, el histórico archienemigo boliviano, el reconocimiento generalizado hacia Azkargorta siempre se mantuvo imperturbable y el de Azpeitia volvía al país de vez en cuando, daba charlas, entrevistas o hacía publicidad en la televisión e, invariablemente, recibía el cariño popular. A finales de 2011 decidió regresar sin fecha de retorno, se asentó en la ciudad de Santa Cruz y propuso varios proyectos deportivos al gobierno del Presidente Juan Evo Morales. En julio de 2012 se le volvió a ofrecer dirigir la selección boliviana de futbol y Azkargorta aceptó. Pero generalmente los milagros no suelen repetirse. Actualmente sigue viviendo en Santa Cruz.

La magia de la música moxeña. Una crónica con tres vascos

La historia es conocida. La Compañía de Jesús recibió el mandato real de hacerse cargo de un buen número de asentamientos indígenas en zonas alejadas del poder colonial.

La tendencia habitual de los religiosos peninsulares había sido la de convertir a los pueblos indígenas por la fuerza y sin demasiadas consideraciones. En cambio, las reducciones jesuíticas,[96] estando muy lejos por supuesto de ser perfectas, planteaban un modelo distinto, cercano al humanismo renacentista, donde al indígena se le trataba con respeto y donde se buscaba preservar -dentro de lo que cabe para la mentalidad del siglo XVII- su cultura y sus costumbres, siempre que no colisionara frontalmente con la labor de catequización.

Así, los jesuitas hicieron cosas que nadie más hizo, como preocuparse en aprender las lenguas indígenas para enseñar la religión en los idiomas originarios. Además, cuando comprobaron el extraordinario talento que tenían los y las nativas para la música, comenzaron a enseñarles a interpretar música barroca europea, que estos aprendieron no solo a amar, sino que además la adaptaron y la reescribieron, haciéndola suya.

---

[96] El término "reducción" al parecer viene del latín *reductio*, que entre otras acepciones tiene la de "acompañar", en el sentido que los religiosos acompañaban a los indígenas en su camino hacia el cristianismo.

En 1767 Carlos III decretó la expulsión de los jesuitas de todas las posesiones españolas y ahí se terminó la historia de las reducciones, pero no de la música, porque durante más de dos siglos, siempre en medio de la pobreza, los pueblos indígenas de la región guardaron su tradición musical e incluso las partituras de la música que tocaban sus mayores y que entendían que era, ya de manera definitiva, parte de su legado y de su cultura.

Pero el tiempo pasaba y hacia el año 1994, la música decaía en Moxos como resultado de la dificultad para motivar a las y los jóvenes, la pobreza y el escaso apoyo de las autoridades. Pero una monja ursulina que trabajaba como misionera en la región pensó que era necesario hacer algo. Su nombre era María Jesús Echarri Ansorena y había nacido en Lekumberri (Navarra).[97]

María Jesús estaba tratando de que las niñas y los niños moxeños se interesasen y aprendiesen a tocar la música de sus mayores, pero las viejas partituras de la música moxeña estaban dispersas o perdidas y no había maestros, ni instrumentos, ni siquiera donde dar las clases. Pero la ursulina María Jesús no era de las que se rendían ante el primer obstáculo y fundó la Escuela de Música de San Ignacio de Moxos con lo poco que había. Las clases se daban en su propia casa y apenas asistían una docena de niños.

Aquí aparece en esta historia un segundo vasco: Miguel de la Quadra Salcedo (1932),[98] deportista, periodista y aventurero que durante muchos años comandó un proyecto de intercambio cultural entre niños y jóvenes de América y de la península

---

[97] En honor a la verdad hay que decir que ella no fue la única y más gente fue protagonista de la recuperación de la música barroca amazónica. Como el sacerdote, organista y musicólogo polaco Piotr Nawrot, trabajando en esa tarea desde inicios de los años noventa del siglo pasado. O el arquitecto jesuita Hans Roth Merz, que restauró un buen número de los magníficos templos chiquitanos y fue recopilando los miles y miles de partituras que iba encontrando. Muchas más personas, por supuesto, tanto extranjeras como bolivianas.

[98] De la Quadra nació en Madrid, pero procedía –por vía materna y paterna- de familias vascas y navarras y siempre se reconoció como vasco.

ibérica en la que todos viajaban juntos, conviviendo y aprendiendo de las diversas culturas que visitaban, se llamaba la Ruta Quetzal. En ese contexto, en 1996 de la Quadra llegó a Moxos y le regaló a la monja María Jesús doce violines y ocho flautas.

Muchas personas procedentes de diferentes lugares han participado desde entonces en ese proyecto: el violinista checo Jiri Sommer, los luthiers españoles que adiestraron a Miguel Uche, indígena moxeño que desde entonces comenzó a fabricar instrumentos de cuerda, la boliviana Karina Carrillo, que promovió el nacimiento de la orquesta y del coro; o la pianista paceña Raquel Maldonado, fundamental en la creación del Ensamble Moxos.

El año 2003 a María Jesús Echarri le anunciaron que debía cambiar de destino y entonces le pidió a otra persona que siguiera colaborando con rescatar la músicos moxeña. Entonces hizo su aparición nuestro tercer vasco, que se llama Juan Antonio Puerta y había nacido en Irún, hijo de emigrantes leoneses. Puerta tenía ya desde los años 90 una consolidada relación con Bolivia y había fundado la ONG *Taupadak* -Latidos- con el apoyo de otro vasco del que ya hemos hablado en este libro: Manuel Egiguren, obispo del Beni. El 2003 decidió dar el salto y dejó su trabajo como periodista deportivo en el País Vasco y se fue a vivir a Bolivia.

Puerta buscó financiación de municipios vascos y logró el año 2005 la renovación de la escuela y la inauguración de nuevas instalaciones y también crear una relación entre músicos del País Vasco y de Moxos, de modo que es habitual que músicos vascos vayan para allá a dar clases y seminarios.

La escuela que creó María Jesús Echarri es ahora el Instituto Superior de Música de San Ignacio de Moxos y tiene más de 300 alumnos y alumnas. De la misma manera, sus agrupaciones musicales, conformadas por habitantes de Moxos, hombres y mujeres, recorren el mundo dando conciertos, han vendido miles de discos y son admiradas y reconocidas internacionalmente.

El milagro de la música de Moxos pertenece a las y los indígenas moxeños, que han mostrado una sensibilidad fuera de lo común para la música y que la viven y la disfrutan desde muy jóvenes. Una vasca y dos vascos aportaron, uno lo sigue haciendo, para que ese milagro se renueve cada día.

Final

Miles de personas llevan en Bolivia, unas veces con orgullo y otras con indiferencia, apellidos vascos y es muy usual conocer a bolivianos y bolivianas que se apellidan, por ejemplo, Arana, Iturri o Arteaga. Por supuesto, llevar un apellido vasco no siempre significa provenir de una familia vasca y en no pocas oportunidades el origen del apellido, mucho más oscuro, es el resultado de la práctica de bautizar a las y los siervos con el apellido de sus patrones.

Entre los vascos, vascas y sus descendientes que pueblan las páginas precedentes hay un poco de todo: héroes, villanos, artistas, aventureros, poetas... todos y todas merecen, creemos, estar en este libro, pero hay otros personajes que también quisiéramos haber mencionado y que, por distintos motivos, han quedado afuera. Quisiéramos, por lo menos, nombrarlos.

Entre otros, a Lindaura Anzoategui, enorme escritora y precursora del indigenismo y de la novela histórica boliviana. A Agustín Aspiazu, poeta y tal vez el intelectual más importante de la historia de Bolivia; a Rodolfo Torrico Zamudio, "El Turista", pionero de la fotografía boliviana y sobrino de la poetisa Adela Zamudio. A los pintores Zenón Iturralde o Arturo Borda, al sociólogo –*primus inter pares*– René Zavaleta, al historiador Roberto Querejazu, al escritor Jesús Urzagasti o a Roberto Echazú el poeta del silencio, que, entre muchas otras cosas, escribió: "Entre / tus brazos / aprendí / a dar / los primeros / pasos / del olvido".

También a Amalia Chopitea, primera mujer en graduarse de médica en Bolivia, allá por 1925. O a los hermanos Juan y Alfredo Jáuregui, apresados -al parecer injustamente- por el asesinato del general Pando y fusilado el menor de ellos, Alfredo, después de que fuera echado a la suerte -literalmente, mediante un bolillo- quién vivía y quién moría. O a la madre de ambos, Dolores Jáuregui, presa durante años sin pruebas y finalmente absuelta.

O a dos mujeres y cantantes bolivianas: la primera la folclorista cochabambina Betty Veizaga, la segunda Cornelia Veramendi, cantante quechua norte potosina, dueña de una voz prodigiosa y de un apellido vasco casi igual de sonoro.

No podemos concluir sin mencionar a una boliviana y a un boliviano ilustres, ambos con apellidos vascos. En primer lugar a Isabel Zuazo Cusicanqui, madre del presidente Siles Zuazo y mujer que llevaba en su sangre dos linajes, el vasco y el aymara. El segundo es Pablo Zárate Wilca, el "temible Willca", caudillo indígena que en 1899, durante la Guerra Federal y bajo la promesa nunca cumplida de que les devolverían las tierras comunales y de que mejorarían las condiciones de vida de su pueblo, organizó y encabezó al gran ejército aymara que se unió a los liberales para enfrentarse a los conservadores. El ejército de Zárate Willca fue fundamental para el triunfo de los liberales, sin embargo, como pago, se encarceló a Zárate y a todos los líderes de su ejército. Zárate Willca pasó cuatro años en prisión y tras lograr escapar, permaneció oculto hasta 1905, cuando fue apresado, enviado hasta La Paz, torturado y ajusticiado. Pese a su apellido, por las venas de Pablo Zarate Willca probablemente no corría una sola gota de sangre vasca, pero eso, claro, no es lo importante.

Índice onomástico

H

Harriage, Adrien Jean B.: 121
Harth-Terré, Emilio: 146
Haya, Mateo: 105
Hertzog, Eduardo: 120, 121
Hidalgo, Benita: 103
Hochschild, Mauricio: 121
Huallpa, Diego: 23
Hualparrimachi/Wallparrimachi,
Juan: 68
Huaman/Guamán Poma, Felipe: 9,
44, 45, 146
Huiracocha/Wiracocha: 39

I

Ichazo, Melchora: 117
Ibarreta, P. Enrique: 100 a 102, 146
Íñiguez, Sancho: 70
Iraburo, José María: 146
Iraegi, Aitor: 146
Iriarte, Gregorio: 108, 127, 146
Irisarri, Antonio José R. : 87 a 89
Irisarri, Juan Bautista: 87
Iturralde, Zenón: 132
Iturri, Eugenio: 110
Iturri Patiño, Simón: 110, 111, 120,
121, 141

J

Jauregui, Alfredo: 132
Jauregui, Dolores: 133
Jauregui, Juan: 132
Juaristi, Francisco Javier: 70, 71
Juaristi, Vicenta: 71, 72

K

Katari, Tomás: 57
Kirchner, Cristina: 67
Klein, Herbert S.: 146

L

Lanza, Gregorio: 78
Las Muñecas, Ildefonso E.: 76, 77
Las Muñecas, José Manuel: 76, 77
Las Muñecas, Juan José: 75
Laserna, José: 82
León de Santiago, Pedro: 55
León XIII: 100
Linares, J. María: 89, 93, 97, 98, 119
Lizarazu, Carlos: 96, 97
Lizarazu, Martín: 97
Lizarazu-Arizcun, Josefa R. : 97
Loayza, José Ramón: 119
Loayza, Rodrigo: 36
Lorri, Martín: 48
Loyola, Ignacio: 32, 44
Luis I: 96
Luis XVI: 83

M

MacKenna, Juan: 66
Malamud, Carlos: 146
Maldonado, Raquel: 131
Manzaneda, Josefa: 71
Marquiegui, Martina: 81, 83
Marquiegui, Úrsula: 81, 83
Martínez, Cecilia: 147
Martínez de Quirós, Francisca: 44
Matienzo, Agustín: 29
Menacho, Clemente: 63
Mendieta, Lope: 31, 32, 34
Mendizabal, José María: 85 a 87
Menéndez Pelayo, Marcelino: 88,
108
Melgarejo, Mariano: 93, 94
Mondragón, Diego: 49
Mondragón, Juan/Ascarretazabal,
Juan: 37
Mondragón, Pedro: 37
Mondragón, Sancho: 47, 48
Montenegro, Luis C.: 147
Montero, Antonio: 39
Montes, Ismael: 119
Mora, Manuel, R. : 137
Morales, Evo: 129
Moreno, René: 83
Muiba, Pedro Ignacio: 64, 65
Mujía, Juan Mariano: 93
Murillo, P. Domingo: 69, 71, 78
Murua, Martín: 44, 45, 145, 146,

Índice geográfico

A

Abapó: 55
Aguirre (pueblo): 107
Aguirre (puerto): 107, 108
Álava/Araba: 34, 40, 55, 75, 96, 104, 107
Alemania: 111, 144
Alto de Ilso/ Puerto de las Muñecas: 75
Alto Perú: 38, 57, 72 a 78, 81 a 86, 89, 105, 110, 147
Amazonia: 51, 83, 104, 125, 128
América: 69, 74, 83, 88,91, 104, 105, 107, 109, 110, 130, 145
América Latina: 66, 75, 92, 110, 122, 124, 144
América del Sur: 43, 81, 101, 110, 124
Amorebieta-Etxano: 118
Anboto (montaña): 68
Antofagasta: 94, 95, 103
Apurimac: 44
Aramaio/Aramayona: 40
Arantza/Aranaz: 87
Aránzazu: 125, 126
Arequipa: 37, 72, 73
Argentina: 17, 38, 39, 55, 66,69, 70, 75, 82, 91, 92, 99, 101, 109, 117, 122, 124, 126, 127
Arica: 31, 89
Arrasate/Mondragón: 37
Asunción: 35, 38, 127
Ayacucho/ San Juan de la Frontera de Huamanga: 31, 82
Ayo Ayo: 77
Azkoitia: 91
Azpeitia: 32, 44, 58, 128, 129

B

Bahía Sin Fondo/Puerto Nuevo: 55
Barakaldo/Baracaldo: 105

Baztán, Valle del: 73
Beni (dpto): 51, 109, 125 a 128, 131, 146
Beni (río): 104
Bermeo (Beni): 125, 126
Bermeo (Bizkaia): 125 a 127
Bernedo: 104
Bidania-Goiatz/Goiaz: 127
Bilbao/Bilbo: 46, 59, 63, 65, 89, 90, 100,101, 128
Bizkaia/Vizcaya: 34, 38, 59, 61, 63, 68, 75, 77, 89, 98, 102, 115, 118,
Bolibar (Puebla de): 77
Bolivia: 15, 17, 23, 24, 51, 55,63, 67, 68, 70, 71, 73, 74, 76, 78 a 81, 84 a 88, 90 a 92, 95, 99, 102 a 104, 111, 115, 117, 118, 121 a 126, 128, 131, 132, 144 a 146
Boston: 93
Bouloc: 121
Brasil: 35, 63, 122
Buenos Aires: 38, 40, 59, 63, 92, 105, 122,124

C

Cabo Verde: 35
Calamarca: 77
Callao: 66
Cantabria: 75
Caracato: 57
Caricari: 28
Castilla la Vieja: 101
Castilla y León: 101
Cataguango: 90
Cerro Rico (montaña): 24, 26, 29, 31, 89
Charcas (ciudad): 23, 146
Charcas (Real Audiencia / Provincia): 23, 34, 43, 46, 57, 58, 60, 61, 64 a 66, 77, 79, 83, 145
Chicago: 109

Bibliografía

AGUINAGALDE, F. B. de, 2019. "Un misterio resuelto. El autor de la Historia general del Piru, fray Martín de Murua (¿1566?-1615), de Eskoriatza" en CUMMINS, T. y OSSIO, J. *Vida y obra de fray Martín de Murua.* Lima: Ernst & Young Perú.

AGUIRRE, J. 1996. *Guano maldito.* Cochabamba: Amigos del Libro.

ALZUGARAY, J. J. 1992. *Vascos Universales del Siglo XVI.* Madrid: Ediciones Encuentro.

ARANZAES, N. 1915. *Diccionario histórico del departamento de La Paz.* La Paz: La Prensa.

ARGANDOÑA, M. C. 1999. "Don Francisco de Argandoña y Revilla en las relaciones diplomáticas con Francia, Rusia, Alemania y El Vaticano". *Raíces. Revista de la Academia de Ciencias Genealógicas y Heráldicas de Bolivia.* Núm. 3: 5-17.

ARNADE, C. 1964. *La Dramática insurgencia de Bolivia.* La Paz: Juventud.

ARZANS, B. 2000. *Relatos de la Villa Imperial de Potosí.* La Paz: Plural.

AULESTIA, G. 1993. "´Orixe`: escritor vasco comprometido". *Revista de cultura e investigación vasca*: 93-114.

BAROJA, P. 1952. *Desde la última vuelta del camino: IV-Galería de tipos de época.* Madrid: Biblioteca Nueva.

BLANCO, E. 2005. *Gesta de autores de la literatura boliviana.* La Paz: Plural.

BECERRA. M. "El señorial ADN de MEO". Elciudadano.com. Revisado el 15 de abril de 2020.

CAPOCHE, L. 1959. *Relación General de la Villa de Potosí.* Madrid: Yagües.

CARO, G. 1997. "Don Ciro Bayo, último cronista de Indias". Iruya.com.

CORTÉS, José, 1858. *Bosquejo de los progresos de Hispano-América.* Valparaiso: Imprenta del Comercio.

_____, 1861. *Ensayo sobre la historia de Bolivia.* Sucre: Imprenta Beeche.

CRESPO, A. 2010. *Fragmentos de la patria.* La Paz: Plural.

_____, 1997. *La guerra entre vicuñas y vascongados.* Potosí 1622–1625. Sucre: Archivos y bibliotecas nacionales de Bolivia.

CUENTAS, N. e IRAEGI, A. 2019. *Ausentes pero no perdidas. Mujeres en la historia de Bolivia* (s/l) Tengo una vaca books.

CUMMINS, T. y OSSIO, J. 2019 "Introducción" en CUMMINS, T. y OSSIO, J. *Vida y obra de fray Martín de Murua.* Lima: Ernst & Young Perú.

DÍAZ, J. A. 2004. *Ibarreta, el último explorador. Tragedia y muerte en su expedición por el río Pilcomayo.* Madrid: Miraguano Ediciones.

DIETRICH, W. 2005. "La primera gramática del chiriguano (Tupí-Guaraní)". *Rivista di Lingüística.* 17.2: 347-360.

ERAUSO, C. de, *Historia de la monja alférez.* Lima: Perulibros.

ESPARZA, J. M. 1996. *Potosí. Andanzas de un navarro en la Guerra de las Naciones.* Tafalla: Txalaparta.

FRONTAURA, M. 2012. *Descubridores y exploradores de Bolivia.* La Paz: Díaz de Medina.

GEDDES, C. F. 1984. *Patiño: el rey del estaño.* Ginebra: Fundación Patiño.

GLAVÉ, L. M. 2001. "El héroe fragmentado. El cura Muñecas y la historiografía andina". *Andes.* Nº. 103.

GUMUCIO, R. 2003. "En las raíces del desprecio. Un viaje al País Vasco". *Letras libres.* Nº16.

HARTH-TERRÉ, E. 1949. "Las tres fundaciones de la Catedral de Cuzco". *Anales del Instituto de Arte Americano e Investigaciones Estéticas de la Universidad de Buenos Aires.* Nº 2: 39-86.

HUAMAN, F. 2007 *Nueva crónica y buen gobierno.* Lima: Fondo De Cultura Económica.

IRABURO, J. M. 1999. "Venerable Vicente Bernedo, apóstol de Charcas. *Hechos de los apóstoles en América.* Estella: Gratis Dae.

IRAEGI, A. 2012. *La democracia en Bolivia.* La Paz: Plural.

IRIARTE, G. 2007. *Análisis crítico de la realidad.* La Paz: Kipus.

LA PRENSA. "El cerco a La Paz dio lugar al plato paceño". *La Prensa.* 7 de julio de 2012.

KLEIN, H. S. 2001. *Historia de Bolivia.* La Paz: Juventud.

MALAMUD, C. D. *La consolidación de una familia de la oligarquía arequipeña: los Goyeneche.* Madrid: Universidad Complutense de Madrid.

MARTÍNEZ, C. G. 2015 "Las reducciones jesuitas en Chiquitos. Aspectos espacio-temporales e interpretaciones indígenas" *Boletín Americanista*. N.º 71: 133-154.

MONTENEGRO, L. C. 2001. "El pleito de los abuelos y sus árboles de costado. Apuntes histórico-genealógicos sobre los caballeros D. Sebastián de Segurola y Oliden y D. Fermín de Gil y Alipázaga". *Raíces. Revista de la Academia de Ciencias Genealógicas y Heráldicas de Bolivia*. N°. 2: 69-87.

MORA, M. R. 2012. *Manuelita*. Madrid: Turner.

MUZZIO, J. A. 1956. *Diccionario histórico y biográfico de la República Argentina*. Buenos Aires: Fondo Histórico y Bibliográfico.

OCHOTECO, J. 2017. "Veinte años latiendo en el corazón del Beni" *El diario Vasco*. 15 de octubre.

OMISTE, M. 1983. *Crónicas potosinas*. Potosí: Imprenta de El Tiempo.

OTAZU, A. y DÍAZ DE DURANA, J. R. 2008. *El espíritu emprendedor de los vascos*. Madrid: Sílex.

OTEIZA, J. 2008. *Interpretación estética de la estatuaria megalítica americana*. Alzuza: Fundación Oteiza.

OTEIZA, J. S. *Claudina*. La Paz: Banco Central de Bolivia.

ORMAETXEA, N. 1972. *Euskaldunak poema eta olerki guztiak. Poema Los Vascos y poesías completas. "Orixe"*. Donostia: Editorial Auñamendi.

ORTIGOSA, J. L. 2013. *La Cuestión Vasca: Desde la Prehistoria hasta la muerte de Sabino Arana*.

PRADEL, J. E. 2014 "Juan Ondarza Lara. Historia de un héroe olvidado" *El diario*. 16 de Septiembre.

PRESTA, A. M. 2000. *Los encomenderos de La Plata. Encomiendas, familia y negocios en la Charcas colonial (Bolivia)*. Lima: IED/Banco Central.

REDONDO, A. y BOAL, T. 2005. "Prólogo". *Obras completas de Ciro Bayo*. Madrid: Fundación José Antonio Castro.

ROCA, J. L. 2007. *Ni con Lima ni con Buenos Aires*. La Paz: Plural/IFEA.

SUAREZ, F. "De nacimientos, matrimonios y muertes (Jaime Zudáñez)". *Reunión Anual de Etnología*. La Paz: Museo Nacional de Etnología y Folclore. T. II: 633-639.

URCULLU, M. M. 1855. *Apuntes para la historia de la revolución del Alto Perú*. Sucre: Imprenta de López.

VV.AA. Auñamendi Eusko Entziklopedia-Fondo Bernardo Estornés Lasa. (http://www.euskomedia.org/aunamendi).

VV.AA. 1957. *Genealogía*. Buenos Aires: Instituto Argentino de Ciencias Genealógicas. Nº. 12.

WASZKIS, H. 1993. *Mining in the Americas: Stories and History*. Cambridge: Woodhead.

De los autores

Aitor Iraegi (Okango) Licenciado en historia. Ha publicado, entre otros, *La democracia en Bolivia* (2012) *El viaje sin fin de Juan de Arrate, señor de los arandú* (2015), *Ausentes pero no perdidas. Mujeres en la historia de Bolivia* (2019)

Nilda Cuentas (Oruro) Feminista, trabajadora social. Ha publicado, entre otros, *Políticas de información, educación y comunicación* (2002), *Mujeres en tierra prohibida* (2008), *Ausentes pero no perdidas. Mujeres en la historia de Bolivia* (2019)

En esta colección:

AUSENTES PERO NO PERDIDAS

MUJERES DE LA HISTORIA DE BOLIVIA

NILDA CUENTAS . AITOR IRAEGI

Un homenaje a las mujeres bolivianas que han construido y construyen el país. Algunas siguen siendo muy conocidas, otras han pasado al olvido. Mujeres como las feministas M. Luisa Sánchez Bustamante, Bethsabé Salmón o Elvira Delgado; las sindicalistas Angélica Azcui o Petronila Infantes; políticas como Remedios Loza, pintoras como Rosmery Mamani. Más de cien mujeres que están, con derecho propio, en la historia boliviana. Disponible en tapa blanda y versión electrónica.